Engel

Engel

Wenden Sie sich an Ihre Engel um
Erleuchtung, Wohlempfinden und Inspiration

Francis Melville

Bassermann

Der Text dieses Buches entspricht den Regeln
der neuen deutschen Rechtschreibung.

ISBN 3-8094-1198-1

© 2002 by Bassermann Verlag in der
Verlagsgruppe FALKEN/Mosaik,
einem Unternehmen der Verlagsgruppe
Random House GmbH,
65527 Niedernhausen/Ts

© der englischen Originalausgabe 2001
by Quarto Inc.
Originaltitel: The Book of Angels

Fotos: Michael Wicks
Design: Trevor Newman
Zeichnungen: Sally Cutler
Übersetzung: Berliner Buchwerkstatt,
Michael Fröhling
Redaktion: Berliner Buchwerkstatt,
Vera Olbricht
Layout: Berliner Buchwerkstatt,
Ulrike Sindlinger
Herstellung: Eva Kumar

Die Ratschläge in diesem Buch sind von
Autor und Verlag sorgfältig erwogen und
geprüft, dennoch kann eine Garantie nicht
übernommen werden. Eine Haftung des
Autors bzw. des Verlags und seiner
Beauftragten für Personen-, Sach- und
Vermögensschäden ist ausgeschlossen.

817 2635 4453 6271

Inhalt

Rechts: *Engel im Sturm* von Joseph Turner.

Einleitung

Die Vorstellung, dass Geister zwischen Göttern und Sterblichen vermitteln, ist Teil beinahe aller traditionellen Glaubenssysteme. Sie ist so alt wie die Götter selber. Fast alle großen Religionen haben diese Überlieferung in ihren Lehren bewahrt.

Die Engel in der Tradition

Im Hinduismus gibt es die *devas*, Geister, die Halbgötter sind und den obersten Wesen dienen, wohingegen der Buddhismus seine *bodhisattvas* hat, eigentlich keine Geister, sondern Menschen auf höchster Entwicklungsstufe, die noch nicht in das Nirwana eingehen, um anderen auf ihrem spirituellen Weg zu helfen. Die Gottheiten des heidnischen Pantheons sind in ihren Funktionen der allgemeinen Konzeption der Engel vergleichbar. Die Idee der Schutzengel, Geister die einen Menschen sein ganzes Leben hindurch begleiten, ist wohl das älteste Engel-Konzept und existiert in allen traditionellen Kulturen. Dieses Buch befasst sich hauptsächlich mit den orthodoxen und esoterischen Engel-Traditionen der großen semitischen Religionen, Judentum, Christenheit und Islam, die gemeinsame uralte Wurzeln besitzen, die in die älteren Traditionen der Babylonier, Zoroastrier und Chaldäer reichen. Diese verbindet die Vorstellung von Engeln als geflügelten Boten, die zwischen Himmel und Erde vermitteln. Das jüngste Interesse an Engeln vermischt die Traditionen mit den Vorstellungen des New Age und schafft so eine neue Sicht, welche die Engel als rein spirituelle Wesen sieht, die sich in jeglicher Form manifestieren können. Sie sind von einer göttlichen Macht geschaffen, um das Licht der Schöpfung weiter zu tragen. Engel können von uns in allen Lebenslagen um Hilfe gebeten werden und sich zu unseren Gunsten bei unserem Schöpfer einsetzen.

Die Lehre von den Engeln

Wissenschaftlich betrachtet ist die Angelologie (die Lehre von den Engeln) ein äußerst komplexes Feld. Auch wenn die Ähnlichkeiten bemerkenswert sind, so gibt es dennoch viele sich widersprechende Systeme, die im Laufe der Jahrhunderte von Mystikern und Theologen dargelegt wurden. Solch gelehrte Werke enthalten vielfältige Details. Um eine eigene Verbindung zu den Sphären der Engel zu etablieren, reicht es jedoch aus, die grundsätzlichen Prinzipien der Engelhierarchien, deren Funktionen und die Namen der höchsten Engel verstehen.

Links: *Der Engel des Nordens* Stahlskulptur mit der Spannweite eines Jumbojets auf einem kleinen Hügel in Gateshead, Großbritannien.

Die Existenz der Engel

Unser Leben, unendlich und mysteriös, ist ein langer und oft mühseliger Weg. Mit dem Glauben, dass das Universum wohlwollend und das Abenteuer des Lebens letztlich ein positives ist, können wir nicht völlig falsch liegen. Die Engel gibt es, um uns zu helfen. Wir müssen sie nur bitten. Das allerdings erfordert Glauben und um mit Engeln in Verbindung zu treten, müssen wir ihre Existenz erst anerkennen. Wenn Ihnen die traditionelle Sichtweise nicht zusagt, dass Gott die Engel erschaffen hat, um den Menschen zu helfen und das Universum zu bewahren, können Sie nun auch andere Erklärungen kennen lernen.

Oben: Eine Illustration aus einem arabischen Manuskript zeigt einen Engel beim Wiegen von Seelen.

Perspektiven

Emmanuel Swedenborg, ein Visionär des 18. Jahrhunderts, hielt die Engel für perfektionierte Männer und Frauen (wie die buddhistischen *bodhisattvas*): »Es gibt keinen einzigen Engel … der ursprünglich als solcher geschaffen wurde, oder einen Teufel in der Hölle, der als Engel aus Licht erschaffen und dann dort hinuntergestürzt wurde, denn alle, sowohl im Himmel wie in der Hölle, stammen vom Menschen ab.« Die Jungianer mögen die Engel als machtvolle psychologische Archetypen betrachten, die sich durch Jahrtausende langen Glauben in unserer Vorstellung geformt haben. Letztendlich ist es das Herz und nicht der Verstand, das eine Verbindung zu den Engeln herstellt. Eine häufig auftretende Frage lautet: »Wenn Engel dazu da sind, uns zu helfen, warum müssen wir sie darum bitten?« Ganz einfach:

Oben: Wir können Engel anrufen, um über uns zu wachen und uns zu helfen, aber sie dürfen unseren freien Willen nicht beeinträchtigen.

Engel dürfen unseren freien Willen nicht beeinflussen. Wenn wir uns nicht für sie entscheiden, bleiben sie nichts weiter als eine abstrakte Idee. Wie auch immer: Die folgenden Seiten enthalten eine der bemerkenswertesten Geschichten aller Zeiten. Wir treffen einige der bekanntesten Engel und lernen einfache Rituale kennen, darunter auch Gebete, um sie in unser Leben einzuladen.

DIE ENGEL

—

URSPRUNG &
HIERARCHIEN

DIE ÜBERLIEFERUNG LEHRT UNS, DASS GOTT DIE ENGEL AM ZWEITEN SCHÖPFUNGSTAG ERSCHAFFEN HAT. SIE ERHIELTEN DEN AUFTRAG, SICH UM DIE SCHÖPFUNG DES HERRN ZU KÜMMERN. UM DIES TUN ZU KÖNNEN, TRETEN ENGEL IN UNTERSCHIEDLICHEN FUNKTIONEN AUF UND WERDEN DARÜBER HINAUS IN HIERARCHIEN KLASSIFIZIERT.

Die Natur der Engel

Bevor wir die überlieferten Ursprünge der Engel ergründen, sollten wir uns der Frage zuwenden: Was ist ein Engel? All die unterschiedlichen Erklärungen sind sich in einem Punkt einig: Engel sind Intelligenz ohne physische Form, also rein spirituelle Wesen.

Die Herrschaft der Engel

Engel sind im Gegensatz zu Menschen und Tieren keine evolutionäre Erscheinungsform. Sie wurden perfekt geboren, vollkommen fähig ihre Aufgaben zu erfüllen. Ihre Erkenntnisse erweitern sie nur durch die Beobachtung des Universums. Engel herrschen über alles. Sie erhalten und bewahren die gesamte Schöpfung. Alle Tiere, Pflanzen und Mineralien werden ebenso wie Planeten, Sterne und

Links: Erzengel Uriel, der Engel der Erscheinung, gießt göttliche Gnade aus dem himmlischen Krug.

Winde von einer »engelhaften« Intelligenz geschützt. Frei von allen Einschränkungen durch Zeit und Raum können sie sich schneller als das Licht bewegen, können jederzeit überall sein und jede gewünschte Form annehmen. Weder männlich noch weiblich, tendieren sie dennoch unter energetischen Gesichtspunkten zum einen oder dem anderen Geschlecht.

Bei ihrer Erschaffung erhielten die Engel einen freien Willen, worauf die meisten verzichteten, um den Schöpfer anzubeten. Wer bedarf schon eines freien Willens, wenn er sich dem allwissenden und alles liebenden Allmächtigen anschließt?

Licht und Dunkel

Hildegard von Bingen, Äbtissin der Benediktiner im Rheinland und eine der Geistesgrößen des 12. Jahrhunderts, sagt, die Engel seien glücklich, den Menschen dienen zu dürfen und sie zu beschützen, weil wir sie in Erstaunen versetzen:

> »Alle Engel staunen über die Menschen, die durch ihre heiligen Werke mit einem unglaublich schönen Gewand bekleidet zu sein scheinen. Die Engel sind, ohne die Last des Fleisches, leicht zu preisen; die Menschen jedoch, mit ihrer körperlichen Last, sind eine Lobpreisung: daher preisen die Engel das Menschenwerk.«

Engel vermögen nur Gott zu preisen und ihm zu dienen. Der Schutz, den sie uns gewähren, richtet sich gegen die Machenschaften der gefallenen Engel. Das sind die Engel, die ihren freien Willen behielten. Sie wollten all die Macht und den Ruhm für sich selbst – sie wollten nicht dienen, sondern sich bedienen lassen. Ihre Arroganz und Missgunst vernichtete sie: sie wurden Teufel, Dämone und Unholde. Während sie sich im Dunkel verbergen, ist ihr einziges Bestreben, die Harmonie des Universums zu untergraben. Daher ist die Menschheit in die große Schlacht zwischen Licht und Dunkelheit, zwischen Liebe und Hass verwickelt. Wie aber hat das Ganze denn begonnen?

Schöpfung

ast alle Überlieferungen schildern die Schöpfung als die Eruption einer Kraft aus einer anderen Sphäre, durch die das uns bekannte Universum entstand. Die *Kabbala*, das zentrale Werk der mystischen Überlieferung des jüdischen Glaubens und eine der bedeutendsten Quellen der Angelologie, enthält wohl die schönste und ergreifendste Version der Schöpfungsgeschichte. Sie beruht auf der Darstellung der Genesis und weist verblüffende Parallelen zu modernen wissenschaftlichen Theorien auf. Gott wird als die göttliche Gegenwärtigkeit, als ein allmächtiges, undefinierbares und gestaltloses Wesen in der Mitte des Nichts beschrieben. Als dieses »Eine« entschied, Gestalt anzunehmen, wurde aus der Idee das Licht. Danach »schied Gott das Licht von der Finsternis« und schuf so den ersten Gegensatz. Das Universum ist seither durch Dualitäten gekennzeichnet wie Licht und Dunkel, Mann und Frau. Durch diese Trennung wurde aus Eins Zwei.

Oben: Heilende Engel unterstützen einen Arzt bei der Behandlung eines kranken Patienten.

Danach verdichtete Gott, das Zwei in Eins, seinen maskulinen Teil in einen einzigen winzigen Lichtpunkt. Das ist das »Wort«, das »Logos«, das befruchtende Prinzip, das dann von den »Wassern der Tiefe«, der Dunkelheit, dem Schoß, dem weiblichen Teil Gottes, empfangen wurde, die das materielle Universum austragen und gebären.

Die meisten Astrophysiker vertreten die Ansicht, dass der »Urknall« dadurch zustande kam, dass ein einziger Punkt aus unglaublich verdichteter Materie explodierte und so das Universum formte.

Die Schechinah

Der weibliche Teil Gottes, die Mutter des Universums, ist in der jüdischen Überlieferung als Schechinah bekannt. Demnach ist die göttliche Mutter die Gefährtin des Gottvaters. Die große Gottesmutter, die das Universum gebiert, ist von göttlich strahlendem Glanz. Alle weiblichen Gottheiten sind ein Teil von ihr, so auch die Jungfrau Maria. Sie wird in der Kabbala auch als der »befreiende Engel« beschrieben und von Jakob in der *Genesis, 48:16*, als »der Engel, der mich aus allem Übel erlöste« erwähnt. Darüber hinaus ist sie auch die Beschützerin des Baums der Erkenntnis. Gerschom Scholem, ein großer Gelehrter des jüdischen Mystizismus, berichtet uns, dass Schechinah infolge des Sündenfalls von Adam und Eva von ihrem Geliebten, Gott dem Vater, getrennt wurde. Nur Freitagnacht, die heilige Nacht vor dem Sabbath, sind sie wieder vereint, ehe sie erneut gezwungen werden, sich zu trennen. Diese kosmischen Geliebten werden erst dann wieder für immer vereint sein, wenn das ursprüngliche Licht der Schöpfung in seine göttlichen Ursprünge zurückgekehrt ist.

Scholem schreibt: »Schechinah zurück zu Gott zu geleiten und sie wieder mit ihm zu vereinigen ist der wahre Zweck der Thora.«

Der Mystik der Kabbala zufolge sind wir alle Bestandteil dieses Prozesses. Jeder Akt von Liebe und Mitgefühl bringt dieses himmlische Paar näher zueinander. In diesem Sinne ist das Leben eine Liebesgeschichte. Letztendlich sind wir alle einsame Liebende, die von der Liebe, die wir nur in unserem eigenen Herzen finden können, abgeschnitten sind. Die Schechinah ist der Engel der Liebe, die in der Vereinigung der Liebenden Segen und Lust spendet, die sie ihrer eigenen großen Liebe näher bringt.

BEATE

Oben: Der Baum des Lebens der Kabbala.
Rechts: Die Schechinah betet wie die
gesegnete Jungfrau Maria unablässig zum
Wohle der Menschheit.

Die Geburt der Engel

Über die Geburt der Engel und der Menschheit wird mehr oder weniger fragmentarisch in alten Texten berichtet. Die meisten sind jüdischen Ursprungs und umfassen das biblische Buch der Genesis und andere Schriften wie die Apokryphen und die Pseudepigraphen, die viele Informationen über die Engel enthalten. Die Texte der Apokryphen sind größtenteils in der katholischen Bibel integriert. Spätere jüdische und christliche Texte bereicherten diese Geschichte. Aus all den verschiedenen Quellen kann die Geschichte der Schöpfung, der himmlischen Schlacht und des Sündenfalls zusammengesetzt werden.

Gemäß den alten jüdischen Überlieferungen waren Engel die ersten intelligenten, von Gott erschaffenen Wesen. Man geht davon aus, dass sie alle im gleichen Augenblick des zweiten Schöpfungstages geschaffen wurden. Gott gewährte den Engeln einen freien Willen, Unsterblichkeit und göttliche Intelligenz.

Die Aufgabe, die ihnen aufgetragen wurde, war das Universum zu erhalten und den Ruhm Gottes widerzuspiegeln. Die meisten Engel unterwarfen sich dem göttlichen Willen und verzichteten auf ihren freien Willen, um so ihre Verehrung Gottes zu zeigen. Die Engel, die das nicht taten, erlagen letztlich ihrem Stolz und kamen mit Gott in Konflikt.

Die himmlische Schlacht

Das war der Beginn der himmlischen Schlacht, deren Verlauf in den frühen nachchristlichen Jahrhunderten von jüdischen wie christlichen Theologen reich ausgeschmückt

wurde. Man nahm an, Satan, der Teufel, sei im Himmel ein bedeutender Engel gewesen. In der Zeit vor seinem Sturz gab man ihm, aufgrund einer falschen Interpretation einer Textstelle bei *Jesaja*, den Namen des Erzengels Luzifer. In einer Version von Luzifers Fall heißt es, er sei der Lieblingsengel Gottes gewesen, der strahlendste im Himmel (Luzifer bedeutet »Träger des Lichts«) und habe sich dem Befehl Gottes, sich vor seiner Schöpfung Adam zu verbeugen, widersetzt. Andererseits wird erzählt, Luzifer sei so stolz gewesen, dass er einen günstigen Moment nutzte, um

Links: Der Erzengel Michael vertreibt den Satan und die rebellierenden Engel mit dem Schwert der Wahrheit und der Waage der Gerechtigkeit.

sich auf den Thron Gottes zu setzen. Der
unbestechliche Erzengel Michael habe
umgehend seine Hand gegen ihn
erhoben, woraufhin Luzifer sich
zurückzog und ein Drittel der
Engel im Himmel hinter sich
versammelte. In der darauf
folgenden Schlacht wurden
die rebellierenden Engel als
Dämonen und Teufel in den
Abgrund geworfen.

Der Sündenfall

Die Menschheit, verkörpert durch
Adam und Eva im Paradies, bot
Satan die beste Möglichkeit zur
Rache. Einer Version zufolge
verkleidete er sich als Cherubim
und brachte den Erzengel Uriel
dazu, ihm den Weg zum Paradies
zu verraten. In der Gestalt einer
Schlange schlüpfte er an den

Oben: Adam und Eva werden von einem Engel des Herrn aus
dem Paradies vertrieben.

Engeln, die die Tore bewachten, vorbei und fand Eva allein vor. Er überredete sie, die
Frucht vom Baum des Lebens, der Unterscheidung von Gut und Böse, zu essen. Dies zu
tun verstieß gegen Gottes Gebot. Doch von der Schlange getäuscht aß Eva und gab auch
Adam die Frucht, der ebenfalls davon aß. Ihre »Augen... taten sich auf und sie erkannten,
dass sie nackt waren.« Zum ersten Mal fühlten sie Scham und Schuld und fürchteten sich
vor Gott. Das war die Erbsünde, mit der das Leid der Menschheit begann. Aus dem
Garten Eden vertrieben haben wir seitdem versucht, uns den Weg zurück ins Paradies zu
erarbeiten.

Im Sündenfall der Menschheit spiegelte sich so gesehen die Vertreibung des Satans
und der rebellierenden Engel. Satans Sünde war der Stolz, wohingegen die Sünde der
Menschheit die Scham ist. Diese Scham, das Gefühl von Schuld und Furcht, hat uns von
Gott entfernt. Adam wusste um seine Verfehlung, da er sich schämte. So kam das Gewissen
in die Welt, unsere Kenntnis von Gut und Böse.

Die Chöre der Engel

Eine Klassifizierung der Engel in einer aufsteigenden Hierarchie verschiedener Ordnungen (Chöre) kennen allen traditionellen Angelologien. Variiert werden nur der Name und die Anzahl der Chöre. Die bekannteste christliche Klassifizierung wurde im 6. Jahrhundert von Dionysius von Areopagita, einem syrischen Mönch, vorgenommen, der sein System in dem Werk *Über die himmlische Hierarchie* darlegte. Dieses Buch wurde in der westlichen Kultur zum Klassiker und von Dante und Milton für ihre epischen Engelssagen adaptiert. Das System besteht aus neun in drei Triaden eingeteilten Chören.

Links: Die Chöre der Engel singen ewig das Lob des Herrn.

Die erste Triade

Seraphim

Der ranghöchste Chor der Engel sind die Seraphim, die »Entflammer«, deren Licht dergestalt hell strahlt, dass die Sterblichen umgehend darin verbrennen würden. Diese Engel der Liebe, des Lichts und des Feuers umschweben Gottes Thron und singen das Trishagion, die Lobeshymne »Heilig, Heilig, Heilig«. Sie absorbieren das Licht Gottes und reflektieren es zum nächsten Chor der Engel. Zu ihren regierenden Fürsten zählen Seraphiel und Metatron.

Cherubim

Die pausbackigen kleinen Engel, uns aus der Kunst der Renaissance vertraut, sind weit entfernt von den machtvollen Cherubim, dem zweithöchsten Engelchor. In ihrem strahlenden Glanz stehen sie nur den Seraphim nach. Sie reflektieren Gottes Wissen und Weisheit. Seit dem Sündenfall, so das Alte Testament, bewachen sie die Pforten des Paradieses. In die biblische Bundeslade, ein Zeichen des Bundes zwischen Gott und Israel, waren zwei Cherubgestalten eingraviert. Zu ihren Führern zählen Kerubiel und Ophaniel.

Unten: Der Prophet Elias fährt vor den Augen seines Sohns in einer Kutsche aus Feuer zum Himmel auf.

Throne

Die Throne sind die »vieläugigen Feuerräder« der Merkabah, des Heiligen Wagens, zusammen mit den Cherubim umkreisen sie den Thron Gottes. Sie reflektieren den Glauben an die Macht und den Ruhm Gottes und bewohnen den vierten Himmel. Zu ihren regierenden Fürsten gehören Tzaphiel und Oriphiel.

Die zweite Triade

Herrschaften

Auch als Herrschende, Lords, oder, in der hebräischen Überlieferung, als Hashmallim bekannt, trachten die Engel dieses Chores nach größerer Gnade und spiegeln das Verlangen wider, weltliche Tugenden zu transzendieren. Sie leben in der Himmelssphäre, in der sich spirituelle und materielle Ebene vereinigen, und regeln die Pflichten der unter ihnen stehenden Chöre. Zu ihren regierenden Führern zählen Zadkiel, Zachariel und Terathel.

Mächte

Der Chor der Mächte ist verantwortlich für die Zyklen aller Sterne und Planeten im Universum. Sie regieren alle Naturgesetze und sind von daher auch verantwortlich für alle Wunder, die diese Gesetze brechen. In der Kabbala als Malakim oder Tarshishim bekannt, spiegeln sie die Ideale der Tugenden wider, indem sie bei Helden die Kraft und bei Heiligen die Gnade hervorrufen. Barbiel, Sabrael und Hamaliel gehören zu ihren Regenten.

Unten: Engel aus dem Chor der Mächte geleiten eine Seele in den Himmel.

Gewalten

Die Engel dieses Chores sind für die Bewachung des Himmelspfades verantwortlich und dafür, verlorene Seelen auf diesen Weg zu führen. Sie halten die Welt im Gleichgewicht und kämpfen fortwährend gegen die Dämonen. Ihnen ist die Macht verliehen, sowohl zu bestrafen als auch zu vergeben, und sie sind es wohl, von denen der Ruf »Wache auf« erschallt, den wir manchmal brauchen, um unsere Richtung zu ändern. Sie spiegeln das Verlangen wider, dem Bösen zu widerstehen und Gutes zu tun. Camael und Verchiel gehören zu den Anführern der Gewalten.

Die dritte Triade

Fürstentümer

Die Engel des siebten Chores leiten die irdischen Regenten, Führer, Völker und Gemein-schaften. Gemeinsam mit den Schutzengeln bestärken sie die Verantwortlichkeit des Ein-zelnen und können sich unauffällig in die Angelegenheiten der Menschheit einmischen. Sie sollen auch die Religionen auf den Pfad der Wahrheit führen. Einer der regierenden Fürsten dieses Chores ist Cerviel.

Erzengel

Die Erzengel sind die Boten Gottes, die den Menschen Botschaften und Verkündigungen bringen, so wie Gabriel der Jungfrau Maria und dem Propheten Mohammed, dem er den Koran diktierte. Diese Engel zeigen sich den Menschen am häufigsten, während die Schutzengel meist unsichtbar bleiben, und handeln auch zu unseren Gunsten, indem sie nach Vergebung für unsere Sünden suchen. Bezeichnend für diesen Chor ist die Jungfrau Maria, die nach ihrer Himmelfahrt zum Erzengel wurde. Die bekanntesten Fürsten des Chores sind Michael, Raphael, Gabriel und Uriel.

Oben: Der Erzengel Gabriel verkündet Maria den Willen des Herrn, dass sie das heilige Kind gebären solle. Die weiße Taube verkörpert den Heiligen Geist.

Engel

Die niedrigsten Engel sind diejenigen, die sich am intensivsten um unser Wohl und unseren Schutz bemühen. Diese Engel wachen über den Straßenverkehr, verhüten Unfälle und andere Katastrophen, soweit ihnen das möglich ist. Unser Schicksal können diese Engel nicht beeinflussen und dennoch, je häufiger wir um ihre Hilfe bitten, umso glücklicher ist unser Los. Zu diesem Chor gehören die Schutz-engel und er wird regiert von Adnachiel.

Die **sieben Himmel**

Oben: Das Paradies soll in der südlichen Hälfte des dritten Himmels gelegen haben.

Die Vorstellung, dass es nicht einen, sondern sieben Himmel gibt, ist fest in der jüdischen, christlichen und islamischen Überlieferung verankert. Heute noch ist »im siebten Himmel zu sein« sprichwörtlich für »so glücklich wie nur möglich« sein, denn der siebte Himmel ist die Sphäre der höchsten Perfektion, der Ort, an dem Gott residiert. Diese sehr alte Überlieferung geht auf die sumerische Zivilisation in Mesopotamien vor über 7000 Jahren zurück. Diese wiederum brachte die babylonischen und chaldäischen Kulturen hervor, die ihrerseits großen Einfluss auf die Entwicklung der Angelologie im Nahen Osten hatten. Wir können uns die sieben Himmel wie konzentrische Kreise mit der Erde in ihrer Mitte vorstellen.

Der erste Himmel

Bekannt unter dem Namen Shamayim oder auf Hebräisch Wilon wird er vom Engel Sidriel regiert. Der erste Himmel enthält das gesamte dreidimensionale Universum, die physische Sphäre des Seins. Hier wohnen alle Engel, die über die Sterne, Planeten und die Naturphänomene wie das Wetter herrschen. Dazu gehören auch die vier großen Erzengel Michael, Gabriel, Raphael und Uriel in ihrer Funktion als Regenten der Planeten.

Der zweite Himmel

Der zweite Himmel heißt Raquina und wird vom Engel Barakiel regiert. Diese Region gilt als der Aufenthaltsort der Sünder, die auf das Jüngste Gericht warten. Einige der gefallenen Engel sind hier eingesperrt, darunter auch die, denen verbotene Beziehungen zu irdischen Frauen nachgesagt werden. Nach der islamischen Überlieferung residieren hier Jesus Christus und Johannes der Täufer. Einer der regierenden Fürsten ist Zachariel.

Der dritte Himmel

Der Regent des dritten Himmels, auch als Shehaqim bekannt, ist Baradiel. In der südlichen Hälfte dieser Region liegt das Paradies mit dem Baum des Lebens, der von hunderten Engeln des Lichts bewacht wird. Hier produzieren die himmlischen Bienen das Manna, den himmlischen Nektar, der die Israeliten auf ihrer Wanderschaft durch die Wüste ernährte. In der nördlichen Hälfte liegt die Hölle mit all ihren Schrecken. Das mutet eigenartig an, steht jedoch im Einklang mit der uralten Vorstellung, dass Himmel und Hölle nebeneinander liegen.

Der vierte Himmel

Der vierte, Machonon genannte, Himmel wird von Zahaqiel regiert. Das ist die Heimat des »himmlischen Jerusalem«, des heiligen Tempels und des Gottesaltars.

Links: Der Erzengel Michael
ist der Herrscher von Araboth,
dem siebten Himmel.

Der fünfte Himmel

Herr des Maon oder Mathey, des fünften Himmels, ist Zadkiel oder, nach anderen Quellen, Sandalphon. Ebenso wie im zweiten und dritten Himmel werden hier einige gefallene Engel festgehalten, insbesondere die Grigori oder »Bewacher«, früher die Wächter der Türme der vier Himmelsrichtungen. Nach einer Vision des Propheten Zephania residiert hier auch eine Gruppe von Engeln aus dem Chor der Herrschaften, die Lords genannt werden.

Unten: Der siebte Himmel ist der höchste aller Himmel und der Sitz Gottes.

Der sechste Himmel

Der Erzengel Gabriel gilt als Herrscher des Zebul genannten sechsten Himmels. Hier werden die Berichte über alle Geschehnisse auf der Erde, die natürlichen Ereignisse und die Taten der Menschen aufbewahrt. All dies wird von Engeln gut durchdacht, die sich auch mit Astrologie, Ökologie und anderen Dingen befassen. Hier sollen sieben Phönixe und sieben Cherubim hausen.

Der siebte Himmel

Der höchste aller Himmel wird Araboth genannt und vom Erzengel Michael oder auch von Cassiel regiert. Dort ist der Sitz Gottes und der höchsten Chöre der Engel, der Seraphim, Cherubim und Throne. Man sagt, dort wohnten die Seelen der noch nicht geborenen Menschen. Hier ist auch der Sitz von Zagzaguel, dem Fürsten des göttlichen Rechts.

Die Erzengel

❧

Zu den großen Erzengeln gehören diejenigen der
himmlischen Heerscharen, die von uns am meisten
geschätzt werden. Verwirrung herrscht in der
Angelologie jedoch über die Wesenszüge und Aufgaben
dieser Engel. Bereits der Begriff Erzengel ist
mehrdeutig, da er sich in der Hierarchie auch auf
alle Engel über dem untersten Rang beziehen kann.
Die mächtigen Cherubim und
Seraphim können so gesehen auch
Erzengel sein; der Chor der Erzengel
ist nach der Hierarchie des Dionysius
jedoch der zweitniedrigste
Rang von neun.

Unten : Der Erzengel Gabriel
bringt der Jungfrau Maria die
Verkündigung.

Wie kann der Erzengel
Michael sowohl ein
Mitglied des Chores
der Erzengel als auch ein Fürst der
Seraphim sein? Ein Widerspruch, dessen
Ursprung darin liegen mag, dass Erz-
engel die am stärksten strahlenden
Wesen sind, die den Menschen er-
scheinen. Engel mit größerer Strahlung
als beispielsweise Michael ließen Sterb-
liche, die sie erblickten, erblinden. Als
christliche Mystiker wie Dionysius die
Hierarchie der Engel festhielten, galt
Michael als ein Engel der höchsten

Links: Die großen Erzengel gehören zu den am meisten geliebten himmlischen Heerscharen.

Chöre, da er anscheinend seine Befehle direkt von Gott erhielt. Darüber hinaus musste Michael als Vertreiber des Satans, eines als ernsthaft betrachteten Rivalen des Allerhöchsten, sicherlich der mächtigste Engel des Lichts sein. Allgemein nimmt man sieben Erzengel an, auch wenn die christlichen Kirchen nur zwei anerkennen. Die okkulte Angelologie stellt vier Erzengel als die Engel der vier Winde und der vier Elemente über alle anderen. Darauf ist die Ähnlichkeit zum Energierad des »Medizinrads« der Indianer Nordamerikas begründet, das wohl das grundlegendste philosophische System der Schöpfung und Bestandteil vieler Überlieferungen der Welt ist. Drei weitere Erzengel bilden mit ihnen die Gruppe der »planetarischen« Engel. Die sieben Erzengel setzen sich, je nach Überlieferung ganz unterschiedlich zusammen. Michael und Gabriel und meist auch Raphael, dicht gefolgt von Uriel gehören dazu. Gemeinsam werden sie hier die vier großen Erzengel genannt.

Der Erzengel Michael

Der feurige Fürst des Lichtes und Retter der Menschheit

Michael ist wohl der bekannteste aller Engel. Er wird im Alten wie im Neuen Testament und auch im Koran namentlich als Erzengel erwähnt. Sein Name bedeutet »Wer ist wie Gott«, eine perfekte Reflexion des göttlichen Lichts. Er ist der Fürst des Lichts und führt die Kräfte des Guten gegen die Kräfte des Bösen. Als Bezwinger des Satans wird er die Mächte des Lichts in der letzten Schlacht gegen die Kräfte der Finsternis anführen. Es war Michael, der nach christlicher Überlieferung Daniel aus der Löwengrube errettete. Er tritt Satan entgegen, indem er jede einzelne Seele im Augenblick des Todes aufsucht und ihr die Gelegenheit zur Erlösung bietet. In der muslimischen Überlieferung hat er Flügel, bedeckt von safranfarbenen Haaren, mit jeweils einer Million Gesichtern mit einer Million Mündern, die alle von Gott Gnade für die Menschheit erflehen.

Michael ist der Drachenbezwinger, das himmlische Pendant zu St. Georg. Dieser gilt häufig als Repräsentant des Triumphes der Christen über das Heidentum. Es ist aber der Triumph der göttlichen Ordnung über die Finsternis. Der wehrhafteste der Erzengel erschien auch in Kriegen – am bemerkenswertesten zu Mons im Ersten Weltkrieg, als eine drückend überlegene deutsche Armee aus unerklärlichen Gründen zur Flucht gezwungen wurde. Beteiligte deutsche Kriegsgefangene, beschrieben ein Phantomenheer über den alliierten Linien, das eine glänzenden Gestalt auf einem weißen Pferd angeführt wurde.

Assoziationen und Symbole

In der Alchemie repräsentiert Michael den goldenen Löwen, die umgewandelte und perfektionierte Energie auf der Basis des Ur-Drachens. Er ist der Patron hoch gelegener Orte und viele auf Hügeln gelegene Kirchen in Europa sind ihm, üblicherweise als dem Heiligen Michael, geweiht. Der Begriff Heiliger widerspiegelt die Ambivalenz der christlichen Überlieferung gegenüber den Engeln.

Michael ist der Schutzengel sowohl der römisch-katholischen Kirche als auch des Staates Israel. In der Kunst wird er am häufigsten in einer rotgrünen, weißen oder glänzenden Rüstung abgebildet. Als Drachenbezwinger trägt er Schwert oder Lanze und setzt seinen Fuß auf den Nacken des Drachen. Als Engel des Todes und der göttlichen Gerechtigkeit hält er eine Waage. Als Erzengel des Südens repräsentiert er das Element Feuer und die sommerliche Jahreszeit. Man kann ihn sich am besten in feurig roten Farben vergegenwärtigen.

Links: In diesem Holzschnitt zu Dürers Apokalypse führt Michael die kriegerischen Engel in die Schlacht gegen den Satan.

33

Der Erzengel Gabriel

Der Engel der Verkündigung, der Gnade und des Todes

Gabriel, der große Botenengel, ist einer von zwei Engeln, die im Neuen Testament namentlich erwähnt werden, der andere ist Michael. Der Name Gabriel ist abgeleitet von *gibor* und *el*, das bedeutet »die Kraft Gottes«. Gabriel ist der Engel der Verkündigung, welcher der Jungfrau Maria verkündete, sie werde den Sohn Gottes gebären, und Zacharias, dass seine Frau Elisabeth Mutter von Johannes dem Täufer werde. Von daher ist Gabriel der Engel der Geburt und der Hoffnung, der traditionell von Frauen, in der Hoffnung schwanger zu werden, angerufen wird. Seine Aufgabe ist es, die ungeborenen Seelen der Kinder durch die Schwangerschaft bis zur Geburt zu geleiten. Die Stelle zwischen Nase und Oberlippe wird die Markierung des Gabriel genannt, weil er die Babys dort berührt, um sie zu ermahnen, vor den heiligen Gesetzen zu schweigen. Nach der Dunkelheit des Todes ist Gabriel wiederum zur Stelle, um die Seelen zu ihrer richtigen Bestimmung zu geleiten. Er wird oft abgebildet, wie er eine Trompete bläst, denn er ist der Engel, der die Pflicht hat, die letzte Trompete ertönen zu lassen, die das Ende der Zeiten und das Jüngste Gericht ankündigt.

Links: Lilien sind ein Symbol des Erzengels Gabriel, der hier in weiblicher Gestalt zu sehen ist.

Auch der Islam verehrt Gabriel (*Djibril* auf Arabisch) als den großen Boten des Herrn. Er war es, der zu Mohammed gesandt wurde, um ihm den Koran zu diktieren. Er erschien dem ungebildeten Kaufmann in gleißendem Licht und fragte ihn: »Schläfer, wie lange willst Du schlafen?« Mohammeds Jünger kennen *Djibril* als Engel der Wahrheit und er war es auch, der den Propheten ins Paradies geleitete.

Assoziationen und Symbole

In alten jüdischen Überlieferungen galt der Erzengel Gabriel als weiblich, tatsächlich der einzige weibliche Engel in den himmlischen Hierarchien. Wir wissen natürlich, dass Engel im eigentlichen Sinne geschlechtslos sind, aber viele von ihnen in energetischer Hinsicht zum männlichen oder weiblichen Prinzip tendieren. Gabriel neigt sicherlich eher zum Weiblichen, wie sich an vielen seiner Attribute zeigt.

Oben: Der Erzengel Gabriel übermittelt als Bote des Herrn eine Botschaft an Johannes den Täufer.

Gabriel steht im Westen, der mit dem weiblichen Element Wasser assoziiert wird. Als planetarischer Engel ist Gabriel der Regent des Montags, des Tags des Mondes, und des Zeichens des Krebses, dessen regierender Planet der Mond ist. Der Mond gilt, als Gefährte der Sonne, als der weiblichste aller Himmelskörper. Seine Phasen regieren die menstruellen Zyklen der Frau, die Gezeiten der Ozeane und das Pulsieren der Energien, die um die Erde kreisen. Der Sufi-Dichter Ruz Bihan Baqli aus dem 13. Jahrhundert beschreibt die folgende Vision:

> »An erster Stelle sah ich Gabriel wie eine Jungfrau oder wie der Mond unter den Sternen . . . Er ist der allerschönste der Engel.«

Gabriels Farben sind die des Mondes: Silber und schimmerndes Weiß. Am besten ruft man ihn während der Zeit des Neumonds oder Vollmonds an, aber man kann jederzeit, wenn man den Mond betrachtet, seiner Liebe, Macht und Schönheit gedenken.

Der
Erzengel Raphael

Der göttliche Arzt und frohgemute Begleiter

D er Erzengel Raphael, der Engel des Heilens, der Wissenschaft und des Wissens ist einer von nur drei Engeln, die in der Bibel namentlich genannt werden. Die anderen sind die Erzengel Michael und Gabriel. Raphael erscheint zum ersten Mal im *Buch Tobit* der Apokryphen. Als Reisender verkleidet unterweist er Tobias, wie man verschiedene Teile eines großen Fisches präpariert und nutzt, um ihm so zu helfen, sich von dem Dämon Asmodeus zu befreien, und wie er die Gallenblase des Fisches verwenden kann, um seinem Vater Tobit sein Augenlicht wiederzugeben. Diese Geschichte ist die beste schriftliche Überlieferung, die Raphael als Lehrer der Heilkünste zeigt. Eine andere berühmte Geschichte erzählt, wie Gott Raphael mit einem Ring aussandte, um König Salomo beim Bau des Tempels zu helfen. Das Siegel des Rings trug ein Pentagramm, das die Macht besaß, Dämonen zu bannen.

Oben: In dieser Illustration aus dem *Buch Tobit* zeigt der Erzengel Raphael Tobias, wie aus einem Fisch Medizin hergestellt wird.

Als »das Siegel des Salomo« bekannt, ist es eines der wesentlichen Utensilien magischer Zeremonien und bildet die Grundlage für eine der wichtigsten Anrufungen der Engel, bekannt auch als das Ritual des Pentagramms (siehe Seite 110). Das Pentagramm ist eines der ältesten medizinischen Symbole und die Pharmazeuten in Europa haben es noch bis vor kurzem als ihr Zeichen verwendet.

Assoziationen und Symbole

Raphael steht im Westen und regiert das Element Luft. Sein Tag ist der Mittwoch, der Tag des Merkur (*mercredi* auf Französisch) und er ist eng mit dem Planeten Merkur verbunden, früher verkörpert durch den griechischen Gott Hermes beziehungsweise den römischen Gott Merkur.

Der Ägypter Hermes, Hermes Trismegistus oder auch Thoth, bescherte der Menschheit so heilige Künste wie die Geometrie und die Alchemie. Die korrekte Anwendung dieser Künste verhilft dazu, die Kluft zwischen Menschheit und Himmel zu schließen. Diese Transformation war das Ziel der Alchemisten, die Mercurius, wie sie ihn nannten, anriefen, um ihnen zu helfen. Der Name Raphael bedeutet »der Strahlende, der heilt« und Raphael zeigt uns, ebenso wie Mercurius, wie wir uns selber heilen und unser Wissen nutzen können, um das himmlische Königreich zu erreichen. Raphael hat viel Sinn für Humor und ist ein amüsanter Begleiter und Führer auf dem Weg durchs Leben. Als solcher wird er oft wie ein Pilger gekleidet abgebildet, trägt einen Hut, hält einen Merkurstab in der einen Hand und einen Beutel mit Medizin in der anderen. Raphael ist der Anführer der Mächte und hat angeblich Flügel an seinen Schläfen, seinen Schultern und, wie Hermes/Merkur an seinen Fersen. Seine Farben sind die der Morgendämmerung: Gelb, Orange und blasses Blau.

Oben: Der griechische Gott Hermes, hier mit seinem Merkurstab, wird mit dem Erzengel Raphael assoziiert.

Der Erzengel Uriel

Das Feuer Gottes und Engel des Umsturzes

Uriel ist einer der mächtigsten und großartigsten unter den himmlischen Heerscharen. Als Engel der Erscheinung ist er in der Lage, den unvorstellbaren Glanz des Thrones zu reflektieren. Sein Zeichen ist der zuckende Blitz und er, der Engel des Umsturzes, wurde ausgesandt, um Noah vor der drohenden Sintflut zu warnen. Milton beschreibt ihn in *Das verlorene Paradies* als den Engel mit den wahren Adleraugen. Dennoch vermag er nicht die Verkleidung des Satans zu durchschauen, der ihn mit List dazu bringt, ihm die Richtung zur Erde und dann zum Paradies zu verraten. Abgesehen von dieser einen Verfehlung hat Uriel den Ruf unüberwindbarer Kraft und Macht.

In den Sibyllinischen Orakeln ist er derjenige, der die Schlüssel der Hölle besitzt und die Pflicht hat, am Tag des Jüngsten Gerichts die Tore der Hölle niederzureißen. Er kann ein Furcht erregender Engel der Vergeltung sein, der die Sünder peinigt, ist aber auch ein verlässlicher Führer zur Menschlichkeit und Deuter der göttlichen Wahrheit. *Im Zweiten Buch Estras* der Apokryphen lehrt er den Propheten die Demut, indem er ihn beschämt, weil dieser versucht die Wege Gottes zu beurteilen.

Links: Der Erzengel Uriel, der Engel des Umsturzes. Die Schriftrolle und der Blitz sind zwei seiner Symbole.

Rechts: Die Warnung des
Erzengels Uriel vor der
kommenden Flut lässt Noah
seine Arche bauen.

Noe frume. þþa hine nergend heht. hynde þam hal
gan. hiðþon cyninge ongan. ofoft lice-þ hof pyrcan
micle mhte-ælfte: magum ſagde. þþæt þriſale þing
þeðum toſtune. ſæðe pite-hie nepoheon þæt-ge
ſáh þa ymb þinʒia þonn. þan ſarte mæoð. ʒiſ þon
luþa mæʒe. ʒáno hlipʒtun-innan ʒutan. þon ſan
lime-ʒeſaſnoð þið flode. þen-noct. þy feſðtun
þiſ ſynðþuʒ cynn. Symle-bið þy hæaðona. þehit lmæoh
pæſ. þſaſte ſæ ſenſamar. þpið on bilaðuð.

Assoziationen
und Symbole

Als Engel des Nordens
regiert Uriel das Element
Erde und die Jahreszeit des
Sommers. Sein Planet ist
der Uranus und wie dieser
besitzt er Affinitäten zu
Elektrizität und plötzlichen
Ausbrüchen. Er kann blitz-
artig Inspirationen und
Erkenntnisse vermitteln. Er
ist der Engel der letzten
Stunde, den man in extre-
men Krisen zu Hilfe rufen
kann. Er regiert den
Uranus (mit Cassiel) und
das Sternzeichen der Waage.
Weiße Quarzkristalle, als gefrorenes Licht und Leiter für Elektrizität, sind ihm heilig. Er
wird auch mit einem Buch oder einer Schriftrolle, den Symbolen für die Gesetze Gottes,
abgebildet. Als St. Uriel ist sein Symbol eine Flamme auf der inneren Handfläche. Seine
weiteren Namen sind Engel der Prophezeiung, Engel der Bußfertigkeit, Engel von Donner
und Blitz, Engel des Schreckens, Licht Gottes und Engel der Kabbala. In unserer
Vorstellung existiert Gabriel als riesige Gestalt von unglaublicher Strahlkraft, umgeben von
einer regenbogengleichen Aura mit einer Krone aus Quarzen, aus der Blitze zucken.

Die planetarischen Engel

❧

Im 12. und 13. Jahrhundert erblühte aufgrund des wechselseitigen Austauschs der christlichen, jüdischen und arabischen Traditionen im maurischen Spanien die esoterische Philosophie. Christliche Gelehrte entdeckten die literarischen Schätze der Griechen und alexandrinischen Ägypter, übersetzten diese ins Lateinische und führten Europa so aus den dunklen Jahren bis an die Schwelle der Renaissance. Hier wurde auch die *Sohar*, der klassische Text der *Kabbala*, aufgeschrieben. Die Übereinstimmungen zwischen den unterschiedlichen Ausprägungen der Astrologie, Alchemie, Religion, Magie und Mystizismus beförderten eine Entwicklung, die bis heute andauert.

Aus dem Spanien dieser Epoche stammen die ersten dokumentierten Beispiele für die Beziehungen bestimmter Engel zu den Planeten. Die Zusammenhänge zwischen den klassischen Planeten, zu denen auch die Sonne und der Mond gehören, und den Tagen der Woche können bis zu den Römern und weiter in der Geschichte zurückverfolgt werden. Die Planeten werden als archetypische energetische Wesen angesehen. Deren komplexe Konstellationen, während sie sich auf ihren Bahnen durch das All bewegen, bestimmen jeden Augenblick und beeinflussen alles auf der Erde. Man kann die planetarischen Engel als die »Intelligenz« der Planeten verstehen, die deren positiven Aspekte reflektieren. Sie inspirieren uns, mit diesen Sphären in Harmonie zu leben, und helfen uns in bestimmten Bereichen, die ihre Domäne sind.

Die Anrufung der planetarischen Engel

Um den Beistand eines planetarischen Engels zu erbitten, schreiben Sie Ihren Wunsch in Engelsschrift (zur vollständigen Erklärung siehe Seite 116) auf. Um einen dieser Engel anzurufen, benötigen Sie ein Stück Stoff, am besten aus Seide, in der Farbe des Engels, an den sie sich wenden wollen. Legen Sie dieses in die Mitte des Raumes, in dem Sie das Ritual vollziehen. Stellen Sie sich darauf, während Sie Ihr Gebet sprechen. Sie können, um sich auf seine Energien einzustimmen, Gegenstände, die auf der Liste der Zuordnung stehen und dem Engel heilig sind, am Rand des Tuches verteilen. Sie sollten Kerzen in der dem Engel zugeordneten Farbe und Anzahl entzünden und auch Räucherwerk. Sie können die Ecken des Raumes mit Salzwasser besprengen, um den Raum zu reinigen. Danach, beginnen Sie die Anrufung, indem Sie nach Osten schauen. Hier ein Beispiel für eine Anrufung eines planetarischen Engels:

Im Namen des Allmächtigen, des Schöpfers alles Existierenden, ich rufe Dich an, großer Engel . . . . , als Regent dieses Tages und Fürst des Planeten . . . . . mir diesen Wunsch zu erfüllen, dessen Inhalt unter Deinem besonderen Einfluss steht. Bitte . . . . . (nennen Sie den Wunsch). Möge dieser Wunsch zu meinem Besten und zu niemandes Schaden erfüllt werden.

Nun wenden Sie sich nach Süden und wiederholen die Anrufung und danach nach Westen und nach Norden. Dann wenden Sie sich noch einmal nach Osten, strecken Ihre Arme weit aus und sprechen:

Ich ehre Dich und danke Dir Engel . . . . mir meinen Wunsch im Namen des Allmächtigen zu gewähren. Heil Dir und Adieu.

Verbeugen Sie sich und wenden Sie sich in die drei anderen Himmelsrichtungen.

Michael

Der Beherrscher der Sonne

Als Regent des Sonntags nimmt Michael, in seiner Rolle als planetarischer Engel, die Charakteristika der Sonne an, indem er alle exzessiven Tendenzen abmildert und ihre Tugenden verstärkt. Der Name Michael bedeutet »Wer ist wie Gott«, was auch zur Sonne, dem kosmischen Symbol des Allmächtigen passt. Sie ist das große Licht der Welt, die alles Leben durch die Lichtstrahlen und die Wärme ernährt. Die Sonne repräsentiert Fülle, Vitalität, Energie und Kraft. Sie steht auch für materielles und spirituelles Wachstum und teilt diese Symbolik mit dem Gold, dem Metall, das sich im Schmelztiegel der Erde zur Perfektion entwickelt.

Der maßvolle Einfluss der Sonne ist gesund. Mit Michaels Hilfe können wir uns vor Stolz, Selbstsucht und Egozentrik schützen, indem wir stattdessen die Erleuchtung finden, uns in Demut zu üben und zur Gnade zu gelangen. Dann können wir das Licht der Liebe reflektieren und mit unseren Nächsten teilen.

Der Sonntagmittag, insbesondere im Sommer, ist die beste Zeit, Michael um etwas zu bitten oder ihn anzurufen. Halten Sie in der darauf folgenden Woche nach Anzeichen Ausschau, die mit ihm korrespondieren. Die Ergebnisse können bis zu einem Jahr auf sich warten lassen, treten aber oft bei der nächsten Sonnenwende zutage.

Unten: Orangefarbene und gelbe Schmetterlinge sind Michael, dem planetarischen Regenten der Sonne, heilig.

Zuordnungen zu Michael

Element: *Feuer*
Metall: *Gold*
Zahl: *6*
Chor: *Gewalten*
Sephirah: *Tipharet*
Gottheiten: *Apollo, Helios, Bel, Rah,*
Mithras
Farben: *Gelb, Gold*
Tiere: *Löwe, sämtliche Katzen*
Vogel: *Amsel*
Insekten: *gelbe und orangefarbene*
Schmetterlinge, Weberknecht
Steine: *Rubin, Tigerauge, Bernstein und*
Chrysolit
Gewürze: *Zimt, Nelken, weißer und*
schwarzer Pfeffer, Ingwer, Safran
Düfte: *Weihrauch, Myrrhe, Kopal, Zimt,*
Bergamotte
Blumen: *Pfingstrose, Ringelblume,*
Sonnenblume, Passionsblume,
Alpenveilchen
Bäume: *Walnussbaum, Esche, Zitrusbäume, Lorbeerbaum,*
Wacholder
Nahrungsmittel: *Trauben, Reis, Erdbeeren, Oliven,*
Mandeln
Heilpflanzen: *Melisse, Kamille, Augentrost, Johanniskraut,*
Rosmarin, Mistelzweig
Körperteile: *Herz, Rückgrat, Solarplexus, Augen*
Körperfunktionen: *Kreislauf, Wärme- und Energieverteilung*
Einflusssphären: *Gesundheit, Vitalität, Organisation, Energie*
Berufe: *Leitungsfunktionen*
Aktivitäten: *Alle kreativen Tätigkeiten*
Schlüsselwort: *Vitalität*

Oben: Michael führt die Engel des Lichts in die Schlacht gegen die Engel der Finsternis.

43

Gabriel

Der Herrscher des Monds

G abriel ist der Herrscher des Monds und regiert den Montag und das Zeichen des Krebses. Für uns ist der Mond, nach der Sonne, der wichtigste Himmelskörper. Gemäß einer alten islamischen Legende war der Mond einmal so hell wie die Sonne, sodass die Geschöpfe der Erde den Tag nicht von der Nacht unterscheiden konnten. Daher befahl Allah *Djibril* (Gabriel) das Licht des Monds zu dämpfen. Der Engel streifte den Mond mit seinen Flügeln und verwandelte sein Licht von feurigem Gold in kühles Silber. Aus diesem Grunde repräsentiert Gabriel das Licht, die bewusste Intelligenz des Monds, weil er die Einflüsse seiner dunklen, unbewussten Seite abmildert.

Alles, was auf der Erde wächst, gedeiht im Rhythmus des Mondes, weil dieser die Körperflüssigkeiten regiert. Wie in der *Bhagavad-Gita* steht: »Wenn der Mond im vollen Saft steht, nähre ich alle Pflanzen.« Der Mond ist mütterlich, er nährt und sichert das Wachstum. Er lenkt die Träume, die Gefühle, die Sensibilität, die Intuition, die Art und Weise unseres Fühlens. Seine dunkle Seite steht für das Unbewusste, die wilden, niederen Instinkte. Gabriel kann helfen, die »Mondsüchtigkeit« zu kontrollieren, indem er die lykantrophen Tendenzen (die Kraft, sich in einen Wolf zu verwandeln) abmildert. Sein Einfluss besänftigt den Geist und nährt die Seele. Den Kontakt zu Gabriel nimmt man am besten an einem Montag auf. Bittschriften sollte man mit silberner oder violetter Tinte in griechischen Buchstaben (siehe Seite 116) auf weißes Papier schreiben. Für eine rituelle Anrufung (siehe Seite 41) sollten Sie silberne Kerzen entzünden und sich auf ein quadratisches Stück weiße oder violette Seide stellen. Halten Sie, sowohl im Wachen wie im Träumen, Ausschau nach den Anzeichen Gabriels als einem positiven Zeichen. Das sollte innerhalb von 28 Tagen, einem Mondmonat, erscheinen, oft schon vor dem nächsten Neumond.

Links: Weiße Lilien sind das heilige Symbol des Erzengels Gabriel und werden vom Mond regiert.

Zuordnungen zu Gabriel

Element: *Wasser*
Metall: *Silber*
Zahl: *9*
Chor: *Cherubim*
Sephirah: *Yesod*
Gottheiten: *Isis, Artemis, Diana, Selene, Cybele, Arianrhod, Astarte*
Farben: *Silber, Violett*
Tiere: *Schellfisch, Wolf*
Vögel: *Eule, Nachtigall*
Insekten: *Motten, Spinnen*
Steine: *Mondstein, Perlen*
Gewürze: *Kurkuma, Muskat*
Düfte: *Kampfer, Jasmin, Ylang-Ylang*
Blumen: *Weiße Lilien, Akanthus, Wasserlilien, helle Iris*
Bäume: *Weide, Magnolienbaum*
Nahrungsmittel: *Papaya, Kürbis, Wassermelone*
Heilpflanzen: *Keuschlamm, Labkraut, Schlafmohn, Immergrün*
Körperteile: *Gehirn, Mutterleib, Blase, Magen, Bauchspeicheldrüse*
Körperfunktionen: *Menstruation, Wachstum, Fruchtbarkeit, Drüsensekretion*
Einflusssphären: *Sensibilität, Mütterlichkeit, Wohlwollen*
Berufe: *Hebamme, Arzt, Krankenschwester, Lehrer, Kindermädchen, Gynäkologe*
Aktivitäten: *Alle Wassersportarten, Wünschelroutengehen, Meditation, Fasten*
Schlüsselwort: *Gefühl*

Oben: Die Verkündigung ist in Marias Worten an den Erzengel Gabriel versinnbildlicht: ›Es möge deinen Worten entsprechend geschehen‹.

Raphael

Der Engel des Merkur

Als planetarischer Engel ist Raphael der Regent des Mittwochs und verkörpert die Qualitäten des von ihm regierten Planeten Merkur. Von den Griechen und Römern als Hermes/Merkur, der Götterbote, personifiziert, wurde er oft als junger Mann mit geflügelten Sandalen und einer Kappe mit Flügeln abgebildet. Dies weist auf die wichtigsten Eigenschaften Merkurs hin – Behändigkeit und geistige Beweglichkeit. Merkur regiert Reisen, Kommunikation, Sprache, Schreiben und die Intelligenz. Er hat eine ambivalente, unglaubliche Fähigkeit gegenüber den Zaubergestalten, die den Menschen Fallen stellen, um ihnen ihre Dummheit vor Augen zu führen.

Raphael jedoch sieht die Dinge immer richtig. Er ist der behände Bote, der zwischen Himmel und Erde vermittelt. Er kann uns helfen, unser Urteilsvermögen und unsere Fähigkeit zur Kommunikation zu verbessern und unsere mentalen Kräfte zu stärken. Wenn wir Hilfe benötigen, um mit Veränderungen in unserer Umgebung fertig zu werden, können wir uns an Raphael wenden. Er ist die Intelligenz hinter Telekommunikation und Computern und kann sogar vor Computerviren schützen.

Raphaels planetarische Farben sind Orange und Gelb. Seine Antwort auf Bittschriften und Anrufungen erfolgt sehr rasch. Zustimmende Zeichen wie auch Ergebnisse treffen meist binnen sieben Tagen ein. Die entsprechenden Zeichen können unerwartete Briefe und lustige Streiche sein. Sie können sich Raphael mit zusätzlichen Flügeln an den Schläfen und Fersen und einem Merkurstab in der Hand bildlich vergegenwärtigen. Seine Aura ist gelb-gold und er oszilliert extrem schnell.

Links: Der Planet Merkur steht der Sonne am nächsten und umkreist sie in ca. 180 Tagen.

Zuordnungen zu Raphael

Element: *Luft*
Metall: *Quecksilber*
Zahl: *8*
Chor: *Mächte*
Sephirah: *Hod*
Gottheiten: *Hermes, Merkur, Thoth, Quetzalcoatl, Viracocha, Kukulkan*
Farben: *Orange, Gelb*
Tiere: *Koyote, Affen*
Vögel: *Ibis, Rabe, die meisten anderen Vögel*
Insekten: *Fliegen*
Steine: *Opale, Topas, Turmalin, Karneol, Chrysolith*
Gewürze: *Kümmel, Anis, Kubeben-Pfeffer*
Düfte: *Anis, Lavendel, Gummiarabikum, Styrax*
Blumen: *Azaleen, roter Fingerhut, Maiglöckchen, Echter Alant*
Bäume: *Haselnuss, Akazie, Myrte, Maulbeerbaum*
Nahrungsmittel: *Sellerie, Hafer, Endivien, Möhren, Süßholz, Pastinake, Granatapfel*
Heilpflanzen: *Wermut, Fingerhut, Alraune, Baldrian, Helmkraut, Petersilie*
Körperteile: *Ohren, Zunge, Nervensystem, Hände, Füße, Lunge, Rückenmark, Schilddrüse*
Körperfunktionen: *Mentale und nervliche Vorgänge, Hören, Sprechen, Atmung, Koordination*
Einflusssphären: *Kommunikation, Meditation, Betrug*
Berufe: *Schriftsteller, Agenten, Medienberufe, Computerprogrammierer, Übersetzer, Diplomaten, Heiler*
Aktivitäten: *Kaufen und Verkaufen, Sammeln, gesellschaftliche Vereinigungen, Briefe schreiben*
Schlüsselwort: *Geschwindigkeit*

Oben: **Raphael** regiert alle
Informations- und
Kommunikationsprozesse
und -systeme.

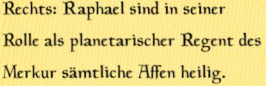

Rechts: **Raphael** sind in seiner
Rolle als planetarischer Regent des
Merkur sämtliche Affen heilig.

Hagiel
Der Regent der Venus

Hagiel ist der Regent der Venus und des Freitags. Er ist der Anführer zweier Chöre – Mächte und Fürstentümer – und wird zu den großen Erzengeln gezählt. Sein Name lässt sich mit »Gnade Gottes« übersetzen und er soll einer der wenigen Engel gewesen sein, die bei der Schöpfung zu helfen die Ehre hatten. In der Überlieferung ist er der Engel, der den Propheten Enoch in den Himmel trug.

Bereits das Sprechen seines Namens soll vor schädlichen Einflüssen bewahren. Als Regent des Sternzeichens Waage hilft Hagiel zwischen Gegensätzen zu vermitteln und verschiedene Elemente in ein harmonisches Gleichgewicht zu bringen. Als der Engel der Venus schafft Hagiel Schönheit, Liebe, Zuneigung und Harmonie. Er kann auf alle Arten von Beziehungen – Familie, Freundschaft, Liebe – einwirken, um Streitigkeiten zu beenden, Risse in Beziehungen zu kitten, Freundschaften zu bestärken und Liebende zusammenzubringen.

Letzteres ist der Grund, weswegen er am häufigsten angerufen wird. Er hilft jedoch nie die Liebe eines Menschen gegen dessen Willen zu gewinnen; doch er kann die Voraussetzungen für eine Beziehung schaffen.

Wenn Sie eine Bittschrift an Hagiel schreiben, sollten Sie rosafarbene oder grüne Tinte auf weißem, rosafarbenem oder grünem Papier benutzen.

Der Brief sollte in griechischen Buchstaben geschrieben (siehe Seite 116) und an einem Freitagabend gegen 22 Uhr, vorzugsweise bei zunehmendem Mond, laut gelesen werden. Danach wird der Brief zusammen mit einer Blüte einer seiner heiligen Blumen oder

Links: Aphrodite, die griechische Göttin der Liebe. Aphrodite und ihr römisches Pendant Venus korrespondieren mit dem Engel Hagiel.

einem Zweig seiner bevorzugten Kräuter oder Gewürze in einen Umschlag gelegt. Nach 28 Tagen sollte der Umschlag samt seinem Inhalt verbrannt werden. Während dieser Zeit sollte man nach Zeichen Ausschau halten, ob der Wunsch angenommen worden ist. Einige von Hagiels Zeichen, die Ihnen willkommen oder unverzichtbar in ihrem Leben erscheinen, können als gutes Zeichen dafür angesehen werden, dass ihr Wunsch erfüllt werden wird.

Zuordnungen zu Hagiel

Element: *Luft*
Metall: *Kupfer*
Zahl: *7*
Chor: *Mächte, Fürstentümer*
Sephirah: *Netzach*
Gottheiten: *Aphrodite, Sukra, Ishtar, Benten, Lakshmi, Chenrezi*
Farben: *Rosa, Grün*
Tiere: *Hirsch, Kaninchen*
Vögel: *Tauben, Schwalben*
Insekten: *Schmetterlinge*
Steine: *Smaragd, Rosenquarz, Opal, Jade, Malachit, rosafarbene Koralle*
Gewürze: *Koriander, Zimt, rosa Pfeffer, Thymian*
Düfte: *Sandelholz, Storyx, Galvanum, Baldrian, Veilchen*
Blumen: *rote und rosafarbene Rosen, Orchideen, Primeln, Veilchen, Akelei*
Bäume: *Apfelbaum, Birnbaum, Kirsche, Holunder, Linde, Kastanie*
Nahrungsmittel: *Erbeeren, Brombeeren, Pfirsich*
Heilpflanzen: *Gemeine Schafgarbe, Wiesen-Frauenmantel, Herzgespann, Eisenkraut, Wermut*
Körperteile: *Gesicht, Oberlippe, Kehle, Brüste, Nieren, innere Sexualorgane*
Körperfunktionen: *Zellen- und Nervenbildung, Durchfall und Erbrechen, Geruchssinn*
Einflusssphären: *Harmonie, Proportionen, Schönheit, Anziehung*
Berufe: *Musiker, Schauspieler, Diplomaten, Entertainer, Friseure, Designer*
Aktivitäten: *Hochzeiten, Parties, gemütliche Erholung, Liebesaffären*
Schlüsselwort: *Gnade*

Oben: Musizierende Engel sind in der Kunst der Renaissance ein verbreitetes Thema. Die Musik ist eng mit Hagiel verbunden.

Camael

Der Engel des Mars

Camael ist der Regent des Dienstags. Als Herr des Krieges und des Mars, des Planeten der feurigen Leidenschaft, spielt er in der Überlieferung der Engel eine zwiespältige Rolle und ihm werden sowohl düstere als auch lichte Charaktereigenschaften zugeschrieben. Als Samael wurde er sogar mit Satan gleichgesetzt, während ihn Enoch als einen von Gottes Lieblingsengeln beschreibt. Dieses zweideutige Bild spiegelt traditionelle Astrologie wider, die den Mars als störenden Himmelskörper im Konflikt mit den anderen Planeten sieht. Zu den negativen Aspekten des Mars zählen Unruhe, Zerstörung und Brutalität. Seine positiven Aspekte sind Bestimmtheit und Willenskraft, der Mut und die Leidenschaft, die erforderlich sind, um zu überleben und zu gedeihen im ständig wechselnden Chaos.

Als Menschen sind wir in den Kampf um Selbstbestimmung verstrickt. Die Selbstbejahung, die dafür erforderlich ist, kann Konflikte mit sich bringen. Camael lehrt uns, mit diesen Konflikten umzugehen, indem er hilft, kämpferische Aggression in sanfte Kooperation zu verwandeln. Er kann uns auch Strenge und Mut verleihen, wenn wir Opfer von Aggressionen werden. Er hilft uns nicht, unsere Feinde zu erschlagen, unterstützt uns jedoch dabei, uns vor ihnen zu schützen, und zeigt uns, was sie uns lehren wollen. Camael ist ein großer Lehrer und Beschützer. Er verleiht uns die Tapferkeit und Bestimmtheit, um alle Hindernisse zu überwinden.

Camael wird als große Gestalt in Rot, die grüne Funken sprüht, gesehen. Sein Symbol ist das aufgerichtete Schwert. Er sollte am Dienstag (siehe Seite 41) angerufen oder angefleht werden. Camael antwortet rasch und die Bittschriften sollten innerhalb von sieben Tagen verbrannt werden. Achten Sie während dieser Zeit auf Zeichen der Zustimmung. Selbst etwas erschreckende Dinge im Zusammenhang mit seinen Zeichen, wie Feuer und Stahlmesser, können ein positives Zeichen sein.

Zuordnungen zu Camael

Element: *Feuer*
Metall: *Eisen*
Zahl: *5*
Chor: *Seraphim*
Sephirah: *Geburah*
Gottheiten: *Ares, Tiu/Tyr, Bishamon, sämtliche Kriegsgötter*
Farben: *Rot*
Tiere: *Fuchs, Widder*
Vögel: *Rotkehlchen, Spatz*
Insekten: *Skorpion, sämtliche stechenden Insekten außer den Bienen*
Steine: *Rubin, Granat, Blutstein, Karneol, rote Koralle*
Gewürze: *alle Pfeffersorten, Chili, Kumin, Senf*
Düfte: *Zypresse, Aloe, Tabak, Pinie, rote Zeder*
Blumen: *Anemonen, Geranien, Färberröte, gelber Enzian, Geißblatt*
Bäume: *Dornenbäume, Pinien, Sadebaum, Zypresse, Rhododendron*
Nahrungsmittel: *Ananas, Zwiebel, Knoblauch, Meerrettich, chinesischer Rhabarber*
Heilpflanzen: *Weißdorn, Nessel, Sarsaparilla, Brechnuss, Basilikum*
Körperteile: *Muskeln, rote Blutkörperchen, Geschlechtsorgane, Galle, Astralleib*
Körperfunktionen: *Körpertemperatur, Kundalini, Blutbildung*
Einflusssphären: *Mut, Bestimmtheit, Leidenschaft, Schutz*
Berufe: *Militär, Feuerwehrleute, Mechaniker, Sportler, Techniker, Chirurgen*
Aktivitäten: *Sportliche Wettkämpfe, Kampfsportarten, Trommeln, Handwerk*
Schlüsselwort: *Martialisch*

Unten: Mars ist der Planet des Feuers und Konflikts, der destruktiven Elemente, die von Camael gemäßigt und ausgeglichen werden.

Zadkiel
Der Regent des Jupiter

Zadkiel ist der Regent des Jupiter und des Donnerstags. Er wird oft als Herr des fünften Himmels und des Chores der Fürstentümer bezeichnet. Nach der jüdischen Überlieferung war er der Engel, der Abraham am Berg Moriah in den Arm fiel, als dieser seinen Sohn Isaak opfern wollte. Er ist einer der beiden Marschälle des Erzengels Michael und war im Gefecht mit den höllischen Heerscharen an seiner Seite. Als Regent des Jupiter ist er mit allen Attributen und Zuordnungen dieses Planeten versehen. Als großzügiger himmlischer Bankier, der Wohlstand, Spekulation, Löhne und Schulden regiert, kann er Probleme mit Banken und Kreditgebern lösen und beim Geldverdienen helfen, solange das Streben danach »reiner« Natur ist. Zadkiel hilft uns, das irdische Recht mit der göttlichen Gerechtigkeit in Einklang zu bringen, und ist der Schutzpatron der Rechtsanwälte und Richter. Er wird bildlich dargestellt als königliche Gestalt in Lila und Purpur mit einer Aura oder Flügeln in strahlendem Königsblau. Bittschriften an Zadkiel sollten in griechischen Buchstaben abgefasst werden (siehe Seite 116). Man kann sie in blauer oder purpurner Tinte auf

Rechts: Zadkiel fällt Abraham am Berg Moriah in den Arm.

weißem respektive blauem Papier
beziehungsweise Pergament
schreiben. Für eine rituelle Anrufung
(siehe Seite 41) entflammen Sie eine
blaue oder purpurne Kerze, entzünden einen der von Zadkiel
bevorzugten Düfte und schmücken
Ihren Altar mit ihm zugeordneten
Blumen oder Objekten. Stellen Sie
sich für die Anrufung auf ein quadratisches Stück blauer oder purpurner
Seide. Sollte eine seiner Zuordnungen
Ihnen in den Tagen und Wochen nach Ihrer
Bittschrift oder Anrufung unerwartet erscheinen, können Sie das als Zeichen nehmen, dass
Ihr Wunsch erhört worden ist.

Zuordnungen zu Zadkiel

Element: *Feuer*

Metall: *Zinn*

Zahl: *4*

Chor: *Fürstentümer*

Sephirah: *Chesed*

Gottheiten: *Zeus/Jupiter, Jahwe, Sobek, Math, Dagda*

Farben: *Flieder, Blau, Purpur*

Tiere: *Wal, Elefant*

Vögel: *Schwan, Ente*

Insekten: *Bienen*

Steine: *Saphir, Lapislazuli, Amethyst, Türkis, Zoisit*

Gewürze: *Fenchel, Muskat*

Düfte: *Myrrhe, Sandelholz, Benzoin, Mastix, Zeder*

Blumen: *Flieder, Gartennelke, Hyazinthe*

Bäume: *Eiche, Esche, Zeder*

Nahrungsmittel: *Aprikose, Tomate, Feige*

Heilpflanzen: *Arnika, Borretsch, Zitronenmelisse, Salbei, Ginseng, Beinwell*

Körperteile: *Leber, Arterien, Verdauungsorgane, Gesäß, rechtes Auge, Füße*

Körperfunktionen: *Immunsystem, Energiehaushalt*

Einflusssphären: *Großzügigkeit, Fairness, Wohlwollen, Gnade*

Berufe: *Finanzen, Recht, Fischer, Seeleute*

Aktivitäten: *Glücksspiel, Pferderennen, Fischen, Bogenschießen*

Schlüsselwort: *Jovial*

Cassiel
Der Regent des Saturn

Cassiel ist der Regent des Samstags und des Saturn, des Planeten der Restriktionen und Hemmnisse. Der am weitesten entfernte und am langsamsten kreisende aller Planeten, der Saturn, ist da, wo der Übergang zur Materie beginnt, am Ende des sichtbaren Planetensystems. Auf dem Pfad der Rückkehr ist er der Wächter des Schatzes und gestattet nur den Wertvollsten Eintritt in die himmlischen Sphären. In der Mythologie wird Saturn als Alter Vater Zeit mit Stundenglas und Sense beschrieben, was Tod assoziiert. Der Saturn setzt schwierige Ziele – strikt, fordernd und erbarmungslos gegenüber jeglicher Frivolität. Unangebrachte Reaktionen auf den Einfluss des Saturn können zu Isolation und Gehemmtheit führen. Cassiel, die Intelligenz des Saturn, ist daher auch als Engel der Tränen bekannt. Er ist jedoch kein Engel, der peinigt. Er ist da, um zu helfen. Seine Lehren betreffen die harten Tatsachen des Lebens.

Cassiels Herausforderung lautet: »Wie sehr bemühst Du Dich?« Wenn Ihre Antwort ist, »Genug, um die notwendigen Anstrengungen auf mich zu nehmen«, dann haben Sie einen mächtigen Alliierten für sich gewonnen. Cassiel vermag Selbstmitleid in Demut, Realitätsflucht in Verantwortlichkeit, Lustlosigkeit in Streben zu verwandeln. Bittschriften an Cassiel sollten an Samstagen geschrieben werden. Für Anrufungen benutzen Sie Kerzen und Seide in Purpur. Da der Saturn sich langsam bewegt, mag es sein, dass Cassiel viel Zeit benötigt, um zu antworten, und die Zeichen können nach einigen Monaten erst sichtbar werden. Wenn eine schnelle Lösung gesucht wird, kann man den temperamentvollen Boten Raphael bitten, sich bei Cassiel einzusetzen. Das sollte in der Stunde des Raphael unternommen werden, am Samstagabend um 22 Uhr.

Links: Saturnus, der römische Gott des Planeten Saturn, ist hier wie Cassiel, der planetarische Regent des Saturn mit Flügeln abgebildet.

Zuordnungen zu Cassiel

Element: *Erde*
Metall: *Blei*
Zahl: *3*
Chor: *Mächte*
Sephirah: *Dinah*
Gottheiten: *Kronos, Ceridwen*
Farben: *Schillerndes Schwarz, Purpur*
Tiere: *Schildkröte, Biber, Faultier, Wühlmaus, Wurm*
Vögel: *Krähe, Saatkrähe, Reiher*
Insekten: *Hundertfüßler, Termiten, alle bauenden und sich langsam bewegenden Insekten*
Steine: *Onyx, Gagath, Diamant, Obsidian, schwarze Koralle*
Gewürz: *Bockshornklee*
Düfte: *Myrrhe, Lavendelöl, Harmin, Kopal, Aloen*

Oben: Cassiel, ein planetarischer Engel des Saturn, regiert alle Härtungsvorgänge, auch das Formieren von Felsen und Knochen.

Blumen: *Fast alle Irissorten, Kornblume, Stiefmütterchen, Königskerze*
Bäume: *Buche, Stechpalme, Pappel, schottische Pinie, Eibe*
Nahrungsmittel: *Kukuruz, Gerste, Roggen, Tamarinde, Mangold, Quitte*
Heilpflanzen: *Schachtelhalm, Eisenhut, Belladonna, Cannabis, Blauwurz, Bärentraube*
Körperteile: *Knochenstruktur, Zähne, Sehnen, Gelenke*
Körperfunktionen: *Alle Härtungs- und Alterungsprozesse, Blutzirkulation im Zellgewebe*
Einflusssphären: *Disziplin, Demut, Beharrlichkeit, Akzeptanz, Weisheit*
Berufe: *Grundstücksmakler, Erziehung, Bergbau, Bauen, Archäologie, Zahnheilkunde*
Aktivitäten: *Bergsteigen, Schnitzen, Handwerk, Sammeln, Studieren, Langstreckenlauf*
Schlüsselwort: *Düster*

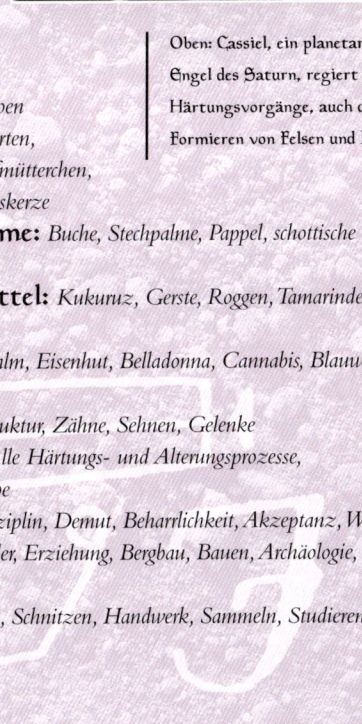

Die äußeren Planeten

Die drei »unsichtbaren« Planeten des Sonnensystems, die nachts nicht mit bloßem Auge gesehen werden können, wurden erst vor vergleichsweise kurzer Zeit entdeckt. Sie sind in die moderne Astrologie integriert und besitzen auch regierende Engel. Doch nur Uriel, der Engel des Uranus, kann direkt angerufen werden. Den Planeten Neptun und Pluto wird in der Angelologie so wenig Wirkung zugeschrieben, dass sie sich jenseits der Sphäre spürbarer Einflüsse auf Menschen befinden.

Neptun – Asariel

Asariel regiert den Neptun und gemeinsam mit Zadkiel den Donnerstag und das Zeichen der Fische. Er beeinflusst Intuition und Imagination und wird stark mit dem Mystizismus verbunden. Er mildert die weniger positiven Einflüsse des Neptun wie Täuschung und Irreführung.

Pluto – Azrael

Azrael ist der Regent des Pluto und beherrscht den Dienstag und den Skorpion gemeinsam mit Camael. Pluto ist der Planet der Vorhersehung und Azrael unterstützt die Menschheit bei ihrer Transformation. Er befasst sich mit den so gefährlichen Reaktionen auf die Energie des Pluto wie Fanatismus und Totalitarismus.

Uranus – Uriel

Uriel, der planetarische Engel des Uranus, regiert zusammen mit Cassiel den Samstag und das Zeichen Waage. Er repräsentiert Freiheit, Unabhängigkeit und neue Ideen. Uranus ist der Planet, der am engsten mit der Elektrizität verbunden ist, und er kann plötzlichen Wechsel und Blitze der Erleuchtung mit sich bringen. Uriel kann die unangenehmeren Aspekte des Uranus, wie Impulsivität, Starrsinn, die Unfähigkeit sich anzupassen und nervöse Anspannung, besänftigen.

Die Engel des Tierkreises

Die planetarischen Engel regieren auch die verschiedenen Tierkreiszeichen. Das stimmt mit der traditionellen modernen Astrologie überein, in der die Planeten ebenfalls bestimmte Zeichen regieren.

Widder	*Camael*	
Stier	*Hagiel*	
Zwillinge	*Raphael*	
Krebs	*Gabriel*	
Löwe	*Michael*	
Jungfrau	*Raphael*	
Waage	*Hagiel*	
Skorpion	*Azrael und Camael*	
Schütze	*Zadkiel*	
Steinbock	*Cassiel*	
Wassermann	*Uriel und Cassiel*	
Fische	*Asariel und Zadkiel*	

Die Schutzengel

✦

Die Vorstellung, dass die Menschen Schutzengel haben oder Geister mit der Aufgabe, sie zu beschützen, ist so alt wie die menschliche Kultur. Im alten Mesopotamien, der Wiege der mittelöstlichen Zivilisation, galten diese als »massar sulmi« bekannten Schutzwesen als persönliche Gottheiten. Diese Tradition wurde von späteren Zivilisationen, wie den Babyloniern und Chaldäern, übernommen, die ihrerseits das Judentum beeinflussten und dies wiederum das Christentum und den Islam.

D ie Vorstellung eines persönlichen Schutzgeistes ist in allen Kulturen zu allen Zeiten bekannt. In Japan ist dieser Geist ein *kami*, in Burma ein *nat* und im klassischen Griechenland war sein Pendant ein *daemon*. Im vorchristlichen Rom schützten *genius* und *juno* die Jungen und Mädchen. Die Ureinwohner Amerikas und alle schamanistischen Kulturen glauben an Schutzgeister, die sich in unterschiedlichen Formen manifestieren, insbesondere als Totem-Tiere oder als Geister der Vorfahren. Im Islam hat jeder Mensch zwei Paar *hafaza*, eines für den Tag und eines für die Nacht. Diese Schutzengel bewahren die Gläubigen vor den dämonischen Dschinn und halten alle Taten des Menschen in einem Buch fest, damit sie am Tag des Gerichts vorgelegt werden können. Im Koran steht: »Er [Allah] sendet Beschützer aus, die über dich wachen und deine Seele sicher geleiten, wenn dich der Tod ereilt.«

Oben: Unser Schutzengel kann in einer Vision erscheinen, um uns eine wichtige Botschaft zu überbringen oder uns an ihre Gegenwärtigkeit zu erinnern.

Die jüdische Überlieferung stellt allen Menschen bei der Geburt einen Schutzengel zur Seite. Dem *Talmud* gemäß hat jeder mindestens 11 000 Schutzengel, doch im Allgemeinen geht man davon aus, dass ein Mensch zwei Engel hat, einen guten und einen bösen. Diese Sicht, die mindestens bis in das dritte Jahrhundert vor Christus zurückreicht, wird auch von der katholischen Kirche geteilt.

Obwohl Jesus von den Kindern sagt: »Ihre Engel schauen im Himmel immerfort das Angesicht meines Vaters, der im Himmel ist.« (*Matthäus, 18:10*), sind Schutzengel kein Bestandteil des katholischen Dogmas. Dennoch lernen die katholischen Kinder, ein Gebet an ihren Schutzengel zu sprechen. Dazu sagte Papst Johannes XXIII. 1959 am Fest der

Oben: Kleine Kinder, die scheinbar Erscheinungen oder unsichtbare Freunde haben, mögen in Wirklichkeit mit ihren Schutzengeln kommunizieren.

Schutzengel, dem 2. Oktober: »Wir müssen unser ganzes Leben lang zu unserem Schutzengel eine tiefe Zuneigung bewahren und sollten das schöne Gebet, das uns in den Tagen unserer Kindheit gelehrt wurde, oft und voller Vertrauen wiederholen.« Dieses Gebet lautet:

»Engel Gottes, der Du mein
    Beschützer bist,
Erleuchte, beschütze, bewahre und
    lenke mich,
Der Dir anvertraut wurde durch
    Gott im Himmel. Amen.«

Katholiken glauben auch an »beschützende« Engel, die alles behüten, von ganzen Völkern bis hin zu den kleinsten Gemeinschaften, ebenso wie Familien, Altären und Kirchen. Alle Schutz- und beschützenden Engel gehören zur untersten Stufe der Engelshierarchie, dem Chor der Engel.

Rudolf Steiner, ein österreichischer Philosoph des 20. Jahrhunderts, vertrat die Meinung, dass unser Schutzengel uns durch alle Inkarnationen geleitet und die Geschichte unserer Seele kennt. Er ist der innere Lehrer, die »ganz leise Stimme in uns.«

Doch wie erkennen wir ihn? Wie können wir mit ihm kommunizieren? Das erste, was wir tun müssen, ist, an seine Existenz zu glauben, nicht als Möglichkeit, sondern als Tatsache, gleich wie wir diese Wirklichkeit auch benennen wollen, psychisches Phänomen oder von Gott geschaffener Geist. Eine Festlegung ist letztlich nicht wichtig. Wichtig dagegen ist, unser Unwissen anzuerkennen. Wie alles in der Schöpfung sind auch Engel ein großes Mysterium, jedoch ein zutiefst persönliches. Denn es gibt etwas, das uns besser kennt, als wir uns selber kennen. Das kann sehr beunruhigend, sogar erschreckend sein. Verspüren wir einen Schreck, scheinen wir mit unseren Taten nicht völlig im Einklang zu sein.

Nichts jedoch bleibt verborgen. Eine gute Vorbereitung für ein Treffen mit unserem Schutzengel ist, unser Leben, all unser Tun und unsere Erfahrungen zu überdenken. Ein solcher Rückblick kann viele Gefühle mit sich bringen. Sind wir bereit, alles loszulassen, auch Selbstmitleid, Furcht, Schmerz sowie Schuld und die Verantwortung für unsere Vergangenheit zu akzeptieren, dann können wir einen ganz besonderen Zustand erreichen, einen Zustand, in dem das wahre Selbst wohnt: Demut. Dort erst finden viele von uns, von Herzen zu Herzen, diese unendlich geduldige mitfühlende Gegenwärtigkeit, die uns so gut kennt, den heiligen Schutzengel.

Den Namen Ihres Schutzengels ergründen

Einigen Menschen hilft es im Gespräch oder beim ersten Kontakt mit ihrem Schutzengel, seinen Namen zu wissen. Es gibt verschiedene Möglichkeiten, diesen herauszufinden. Es erfordert eine innere Reinigung von mindestens 24 Stunden. In dieser Zeit sollte man sexuell enthaltsam sein, keine Suchtmittel und stimulierenden Substanzen zu sich nehmen. Fleisch sollte ebenso wie gewürzte Mahlzeiten, die anregend wirken können, gemieden werden. Nur so kann das Nerven- und energetische System zur Ruhe kommen. Dies lässt uns äußerst intuitiv und aufnahmefähig werden.

Der direkteste Weg, den Namen Ihres Schutzengels zu ergründen, ist, die Konsonanten des Alphabets auf kleine Quadrate aus Pappe zu schreiben und diese in einen Beutel zu stecken. Die Buchstaben eines Scrabble-Spiels sind dafür auch hervorragend geeignet. Entflammen Sie eine weiße Kerze und entzünden Sie Räucherwerk, am besten Weihrauch oder Kopal und Myrrhe. Nachdem Sie innerlich zur Ruhe gekommen sind, setzen Sie Ihren Wunsch in einem Gebet um:

Unten: Viele Christen glauben daran, dass die Schutzengel nach dem Tod unsere Seelen in den Himmel geleiten.

> Lieber göttlicher Engel,
> Der schon immer Mein Beschützer,
>   Anleiter und Begleiter war,
> Bitte führe meine Hände, die
>   Buchstaben zu schreiben,
> Die deinen Heiligen Namen bilden,
> Auf dass ich ihn in mein Herz
>   schreiben kann
> Und dich als den Freund, der du
>   bist, ehren kann.
> Wenn ich deinen Namen rufe, sei
>   bitte bei mir
> Und zeige mir, dass ich ihn klar
>   sehen kann,
> Den Weg des Lichtes und der Liebe.

Oben: Sie können die Konsonanten
des Alphabets auf kleine Quadrate
aus Pappe schreiben oder auf kleine
Steine oder Kügelchen malen und
danach in einen Beutel stecken.

Nehmen Sie nun einen Buchstaben aus dem Beutel und
schreiben Sie ihn auf ein Blatt Papier. Geben Sie ihn
wieder in den Beutel zurück, vermischen Sie die Buchstaben und nehmen Sie einen weiteren heraus. Wiederholen Sie diesen Vorgang, bis Sie drei oder vier Buchstaben
aufgeschrieben haben. Folgen Sie dabei ihrer Intuition.
Nehmen wir an, Sie haben die drei Buchstaben M, D und R. Ergänzen Sie dann mit Voka-
len den Namen und fügen am Ende die Silbe EL hinzu. Das mag dann wie »aMaDRiEL«
oder »oMDiRiEL« klingen. Probieren Sie verschiedene Kombinationen aus, wobei Sie die
ursprünglichen Konsonanten immer in der gleichen Reihenfolge belassen. Am Ende
werden Sie einen Namen haben, der richtig klingt. Das ist der Name Ihres Schutzengels.

Seien Sie nicht besorgt, weil das eine irrationale und willkürliche Methode zu sein
scheint. Ganz im Gegenteil: Nur so kann das Universum oder sogar Ihr Schutzengel, Sie
auf den direkten Weg bringen. Haben Sie Vertrauen in diesen Vorgang.

Patronats-Engel

Bestimmte Engel, Patronats-Engel genannt, regieren natürliche Elemente wie den Regen und Eigenschaften, wie Strenge oder Weisheit. Nachstehend eininige davon:

Atmung – *Gabriel*
Bäume – *Maktiel*
Chancen – *Barakiel, Rubiel*
Dämmerung – *Raphael*
Donner – *Ramiel, Uriel*
Einsamkeit – *Cassiel*
Empfängnis – *Lailah*
Erde – *Uriel*
Erinnerung – *Zachariel*
Ernährung – *Asda*
Feuer – *Michael*
Freiheit – *Terathel*
Freundschaft – *Mihr*
Frieden – *Seraphiel*
Fruchtbarkeit – *Samandiriel*
Geburt – *Armisael, Gabriel*
Geduld – *Achaiah*
Gerechtigkeit – *Zadkiel, Vasiariah*
Gesundheit – *Rehael*
Harmonie – *Itqal*
Heilen – *Raphael*
Heirat – *Anael / Hagiel*
Herbst – *Guabarel*
Hoffnung – *Phanuel*
Landwirtschaft – *Risnuch, Habuhiah*
Leidenschaft – *Jelial*
Lieder – *Radueriel*
Luft – *Raphael*
Meer – *Rahab*
Mitgefühl – *Rahmiel*
Mitleid – *Vasiariah, Zadkiel*

Mutterleib – *Armisael*
Nacht – *Lailah*
Pflanzen – *Sachluph*
Regen – *Riddia, Matariel, Zafiel*
Reinheit – *Tahariel*
Reisen – *Raphael*
Schicksal – *Oriel*
Schnee – *Shalgiel*
Schutz – *Lahabiel*
Schwangerschaft – *Temeluch*
Sehvermögen – *Mahzian*
Sommer – *Gargatel*
Stärke – *Zaruch*
Ströme – *Nahariel*
Tageslicht – *Shamshiel*
Tiere, zahme – *Behemiel*
Tiere, wilde – *Thuriel*
Tod – *Tzaphkiel, Gabriel*
Treue – *Tezalel*
Träume – *Gabriel*
Verlorene Dinge – *Rochel*
Vögel – *Arael, Anpiel*
Wälder – *Zuphlas*
Wahrheit – *Amitiel*
Wasser – *Gabriel*
Wildnis – *Oriphiel*
Wind – *Muriah*
Wissen – *Raphael*
Wissenschaft – *Raphael*
Wohlstand – *Librabis*
Zuversicht – *Tezalel*
Zwielicht – *Aftiel*

DIE HELFENDEN ENGEL

ENGEL BESCHÜTZEN DAS MATE-
RIELLE UNIVERSUM. IHRE AUF-
GABE, DIE MENSCHHEIT ZU ERHALTEN
UND ZU BEWAHREN, MACHT SIE FÜR
DIE MENSCHEN VERANTWORTLICH.
EINIGE DIESER HELFENDEN ENGEL
SIND UNS SEIT JAHRTAUSENDEN
BEKANNT. ENGEL KÖNNEN MIT BE-
WÄHRTEN GEBETEN UND RITUALEN
ODER AUCH GANZ INDIVIDUELL
ANGERUFEN WERDEN. EIN EHRLICHES
UND OFFENES HERZ IST DIE EINZIGE
VORAUSSETZUNG DAFÜR.

Engel der Liebe

❦

Jeder Engel ist im Grunde ein Engel der Liebe, da alle
Engel das Licht des Allmächtigen, das die Liebe ist,
reflektieren und die harmonische Entfaltung des
Universums bewirken. Unter all den Engeln ist der
Erzengel Hagiel, der planetarische Regent der Venus,
der eigentliche Engel der Liebe. Er
kümmert sich um menschliche
Beziehungen, indem er für
Harmonie, Liebe und
Zuneigung zwischen
den Menschen sorgt.
Viele Engel, die auch
für ganz besondere
Aspekte von Liebe und
Beziehungen
verantwortlich sind,
arbeiten mit ihm.

Hochzeit

Anael

A nael ist ein anderer Name für den Erzengel Hagiel, den Regenten der Venus, den Planeten der Liebe. Anael ist der Engel der Hochzeit. Er segnet Paare, die sich entschieden haben, ihre Liebe zu heiligen, indem er ihre Sehnsüchte als Mann und Frau zusammenfügt. Eine besondere Freude ist ihm die Liebe und Zuneigung zwischen den Menschen. Der Glaube und die Zuversicht, die eine Hochzeit erfordern, stehen unter seinem besonderen Segen, wenn er gebeten wird, sie zu bewahren. Wenn Sie auf die Ehe als die Erfüllung einer Beziehung, gleich ob für sich oder für andere Menschen, hoffen, können Sie Anael um Beistand bitten. Anael kann sich nicht in die Sehnsucht der Menschen einmischen und dennoch, sollte der Wunsch erfüllbar sein, wird Anael alle Türen öffnen, die zur Hochzeit führen. Hier ein Ritual, um Anaels Hilfe zu erflehen:

Entfernen Sie die Dornen von je einer roten und weißen Rose. Halten Sie die Stiele zusammen und streifen Sie drei Ringe, einen aus Gold, einen aus Silber, einen aus Kupfer darüber. Stellen Sie diese auf Ihren Altar oder an Ihr Bett, mit je einer weißen Kerze an den Seiten. Entflammen Sie die Kerzen und entzünden Sie etwas Sandelholz oder Styrax. Blicken Sie in Richtung Osten und sprechen Sie dieses Gebet oder ein ähnliches.

Im Namen des allmächtigen Schöpfers,
In dem alle Dinge ihren Anfang und ihr Ende haben,
Rufe ich dich, Erzengel Anael, an,
Dich, als Engel der Ehe,
Die Beziehung zwischen . . . . und . . . .
(Namen einsetzen) zu segnen und zu nähren,
Lasse sie zu wahrer Hingabe aufblühen,
Geheiligt durch das Sakrament der Ehe.
Ich danke dir, dass du meinen Wunsch hörst,
und ehre dich
Im Namen des Allmächtigen.

Harmonie

Itqal

Itqal ist ein Engel aus den Sphären von Venus und Libra, der mit dem Erzengel Hagiel zusammenarbeitet. Er wird angerufen, um Beziehungen zu kitten und Streitigkeiten zu schlichten. Die Menschen, die uns sehr nahe stehen, sind oft diejenigen, mit denen wir die meisten Konflikte haben. Das liegt daran, dass wir es kaum vermeiden können, uns gegenseitig auf die Nerven zu gehen. Führt dies zu ernsthaften Zwistigkeiten, lassen wir unsere tiefen Gefühle füreinander häufig außer Acht.

Itqal kann helfen, diese Konflikte zu lösen und die Harmonie wiederherzustellen. Dennoch gilt es für ein gutes Verständnis weiterhin unsere wahren Gefühle auszudrücken. Freundlichkeit, Rücksichtnahme und Respekt sind immer hilfreicher als Wut und Schuldzuweisungen. Itqal kann zu jeder Zeit angerufen werden; für eher chronische Probleme ist jedoch der Freitag am besten. Man sollte sechs Kerzen entzünden, da sechs die Zahl der Harmonie ist. Sandelholz ist als Räucherwerk hierfür der beste Duft.

Im Namen des geliebten Schöpfers,
Von dem alle Vollkommenheit
    stammt,
Rufe ich dich, süßer Engel Itqal,
Als Fürst der Harmonie und des
    Friedens an,
Die Konflikte, die uns trennen,
    zu lösen.
Mögen wir Liebe und Verständnis
    finden
Anstelle von Schmerz und Streit.
Ich danke dir, dass du dieses Gebet
    hörst
Und ehre dich im Namen des
    Allmächtigen.

Leidenschaft

Jelial

J elial gilt als ein Seraphim, dessen Name auf dem Baum des Lebens steht. Die Seraphim sind der allerhöchste der Engelchöre. Sie spiegeln den Ruhm Gottes wider und beschäftigen sich eigentlich nicht mit menschlichen Belangen. Dennoch wird Jelial traditionell angerufen, die Flammen der Leidenschaft in einer Liebesbeziehung zu schüren und die Treue zu sichern, indem er vor allem das Bett der Liebenden so warm hält, dass die Partner nicht anderwärts Ausschau halten.

Um die Leidenschaft in Ihrer Beziehung anzufachen und die Flammen der Liebe höher lodern zu lassen, können Sie den Engel Jelial anrufen. Der Duft exotischer Gewürze, wie Zimt und Ingwer, zieht ihn ebenso sehr an wie uns. Geben Sie einige Tropfen ätherisches Öl in eine Duftlampe und entzünden Sie einige Kerzen.

Rote Kerzen symbolisieren den Mann, blaue Kerzen die Frau. Darüber hinaus repräsentieren sie auch Leidenschaft und gegenseitige Treue. Benutzen Sie einen scharfes Werkzeug, um vorsichtig Jelials Namen in griechischen Buchstaben (siehe Seite 116) um die Spitze der Kerze zu ritzen, ehe Sie sie entzünden. Legen Sie rote Rosen der Leidenschaft in Ihr Liebesnest. Die beste Zeit dafür ist 22 Uhr am Freitagabend. Das ist die planetarische Stunde des leidenschaftlichen Mars am Tage der liebenden Venus.

Links: Ingwer ist ein exotisches, wärmendes Gewürz, das uns helfen kann, uns auf Jelial, den Engel der Leidenschaft, einzustimmen.

Treue

Tezalel

U ntreue ist von allen Problemen in einer Liebesbeziehung wohl das schwerwiegendste. Das schmerzliche Gefühl, betrogen zu sein, lässt Vertrauen nur sehr schwer wieder entstehen. Partner können sich voneinander entfernen und die Beziehung kann in die Brüche gehen. Das ist nicht zwangsläufig eine negative Entwicklung, denn nicht alle Beziehungen sind auf Dauer angelegt. Bestimmte Engel können helfen, Beziehungen fortzuführen.

Sind Sie besorgt, dass entweder Sie oder Ihr Partner fremdgehen könnten, dann können Sie sich an Tezalel wenden. Dieser Engel ist für Treue in der Ehe und in der Partnerschaft verantwortlich. Um Tezalel anzurufen, nehmen Sie zwei blaue Kerzen, denn Blau steht für Treue, und binden Sie diese mit einem Kupferdraht in der Form einer Acht zusammen. Kupfer ist das Metall der Venus und die Form der Acht symbolisiert Ewigkeit. Stecken Sie die Kerzen an und stellen Sie diese an einen sicheren Ort, denn sie können auflodern! Entzünden Sie etwas Sandelholz und Weihrauch und sprechen Sie dieses Gebet, oder ein ähnliches, in die vier Himmelsrichtungen. Beginnen Sie in Richtung Osten.

Im Namen des Allmächtigen,
Dessen Liebe für uns nie vergeht,
Rufe/n ich/wir dich, großer Engel Tezalel,
Als den Engel der Treue an,
Diese Beziehung zu segnen.
Hilf uns einander immer treu zu bleiben
Und niemals von der Seite des anderen zu weichen.
Mögen wir in Liebe zusammenwachsen
Untrennbar und stark,
Liebende für alle Zeiten.
Ich/wir danke/n dir,
Dass du mein/unser Gebet erhörst,
Und ehre/n dich im Namen
des Allmächtigen.

Eroberung

Theliel

Theliel, ein Engel der Liebe, wird in magischen Ritualen angerufen, um einen Geliebten zu erobern. Magier haben mit seiner Hilfe versucht, das Objekt ihrer Begierde zu gewinnen. Theliel kann Menschen jedoch nicht gegen ihren Willen beeinflussen oder sich in ihre Sehnsucht einmischen. Wenn Sie eine bestimmte Person anziehen und ihre Liebe gewinnen wollen, kann Theliel helfen, eine gute Gelegenheit herbeizuführen, um den Funken der Liebe zu entzünden. Wünschen Sie sich dagegen einfach Liebe, ohne einen bestimmten Menschen dafür auserkoren zu haben, wird Theliel jemanden in Ihre Nähe bringen, der all Ihren Wünschen entspricht. Dieser Mensch wird zu Ihnen in einer Art passen, die nicht sofort offen zu Tage tritt.

Theliel ist ein Engel der Venus und daher rufen Sie ihn am besten freitags an, vorzugsweise bei zunehmendem Mond und am besten bei Sonnenaufgang. Entflammen Sie zwei rosafarbene Kerzen und entzünden Sie ein wenig Sandelholz. Sprechen Sie das folgende Gebet in alle vier Richtungen. Beginnen Sie in Richtung Osten und fahren Sie im Uhrzeigersinn fort.

Im Namen Gottes, der alles schuf,
Rufe ich dich, großer Engel Theliel, an,
Mir einen passenden Geliebten zu bringen;
Jemanden, mit dem meine Liebe wachsen möge,
Damit ich näher an die göttliche Liebe reiche,
Welche die Quelle und Sehnsucht meines Daseins ist.
Ich danke dir für die Anhörung dieses meines Wunsches
Und ehre dich im Namen des Allmächtigen.

Bindung

Habiel

Schwierig in einer Liebesbeziehung ist die Phase, in der zwei Menschen sich die Frage nach einer festen Beziehung stellen, jedoch einer oder beide vor einer festen Bindung zurückschrecken. Vor allem Frauen verspüren heute weniger sozialen Druck zu heiraten und Kinder zu bekommen. Es ist für sie kein Makel mehr, mehrere Beziehungen nacheinander einzugehen. Bindungen können heutzutage leicht gelöst werden. Sich nicht zu binden ist sicherer für das Ego: Man fühlt sich weniger ausgeliefert und kann egoistische Verhaltensweisen beibehalten, die in einem gemeinsamen Leben nicht zu tolerieren wären. Unser Ego schätzt es nicht, sich verändern zu müssen. Auch alte Wunden und Unsicherheiten können der tieferen Intimität, die eine Bindung erfordert, im Wege stehen.

Ein Engel, der all diese emotionalen und psychischen Befindlichkeiten einer Bindung versteht, ist Habiel, ein Engel des ersten Himmels und des Montags, dem Tag des Monds. Der Mond, der die Gefühle regiert, hat auch seine dunkle Seite, das Unbewusste. Habiel kann Ihnen und Ihrem Geliebten helfen, Vertrauen zu finden und Mut zu schöpfen, um sich dem strahlenden und reinigenden Licht der verbindlichen Liebe zu öffnen. Rufen Sie Habiel an einem Montag an, vorzugsweise, wenn der Mond am Himmel steht. Entflammen Sie neun weiße Kerzen und füllen Sie den Raum mit Düften des Monds, wie Jasmin. Richten Sie Ihr Gebet im Uhrzeigersinn in die vier Himmelrichtungen. Beginnen Sie im Osten.

Im Namen des liebenden Schöpfers aller Dinge,
Der reines Licht und unbedingte Liebe ist,
Rufe ich dich, Habiel, großer Engel der Liebe an,
Mein Herz (und/oder meines Geliebten Herz) anzufüllen
Mit der Liebe und dem Vertrauen,
Aus vollem Herzen mich hinzugeben
Dieser Liebe, die uns verbindet.
Ich danke dir für die Anhörung meines Gebetes
Und ehre dich im Namen des Allmächtigen.

Keuschheit

Tahariel

Die Liebe der Engel zu ihrem Schöpfer und zu den Menschen ist bedingungslos und immerwährend. Sie streben nicht nach einer anderen Liebe, denn sie sind Liebende im wahren Sinne, wie es der Heilige Thomas von Aquin, Philosoph und Theologe, im 13. Jahrhundert sagte: »Aufgrund ihrer wahren Natur können Engel nichts anderes als lieben.« Unser Begriff von Liebe beschränkt sich oft auf die romantische Liebe, die, wie wir alle wissen, auch ein Schlachtfeld sein kann.

Im Leben jedes Menschen kommt eine Zeit, in der er sich von der auch schmerzlichen Welt der romantischen Liebe lösen will. Das Zölibat bedeutet lediglich, sich sexueller Beziehungen zu enthalten. Keuschheit jedoch bedeutet Reinheit und Bindung an die höhere, platonische Liebe des Göttlichen.

Der Engel der Keuschheit ist Tahariel. Er hilft uns, eine Zeit verbindlicher Keuschheit zu durchleben, um Herz, Seele und Körper zu reinigen. Bevor Sie Tahariel anrufen, nehmen Sie ein Bad, stellen eine weiße Madonnenlilie, das Symbol der reinen Liebe, auf Ihren Altar und entzünden eine einzelne weiße Kerze. Die Anrufung Tahariels sollte, im Osten beginnend, in alle vier Himmelsrichtungen gehen. Sie kann wie folgt lauten:

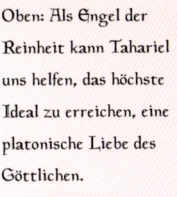

Oben: Als Engel der Reinheit kann Tahariel uns helfen, das höchste Ideal zu erreichen, eine platonische Liebe des Göttlichen.

Im Namen des allmächtigen Schöpfers, Aus dessen Feuer alle Engel der Liebe geboren sind, Beschwöre ich dich, Tahariel, Engel der Reinheit In meinem Herzen ein reinigendes Feuer zu entzünden, Um unwürdige Gedanken und Taten zu tilgen Und eine reinere Leidenschaft wachsen zu lassen Meine eigene wahre Liebe zu der gesamten Schöpfung. Ich danke dir, dass Du mein Gebet angehört hast, Und ehre dich im Namen des Allmächtigen.

Engel der Geburt und des Todes

Der Erzengel Michael ist der Engel für Geburt und Tod. Er unterweist wohl das ungeborene Kind bereits im Mutterleib und im Moment des Todes ist er da, um der Seele zu helfen, den großen Schritt zu vollziehen. Es gibt weitere Engel, mit der besonderen Verantwortung, den Menschen beim Anfang und Ende des großen Lebenskreises zur Seite zu stehen. In diesem Kapitel begegnen Sie den Engeln, die uns in den Fragen von Frucht-barkeit, Empfängnis, Geburt und Tod Unter-stützung und Hilfe bieten können.

Geburt

Armisael

N ach dem *Talmud* soll eine Frau, die in den Wehen liegt, den *Psalm 20* neunmal sprechen, um eine sanfte Geburt zu haben. Alternativ können Sie sich auch um die Hilfe der Engel bemühen. Während Gabriel und Temeluch sich um das ungeborene Leben im Mutterleib kümmern, ist es der Engel Armisael, der traditionell um Hilfe bei den Wehen angerufen wird. Sie können zur Bewältigung dieser Situation vor dem Tag der Niederkunft eine Bittschrift (siehe Seite 120) in Engelsschrift an Armisael schreiben. Wenn Sie weitere Unterstützung benötigen oder es zu einer kritischen Situation kommt, können Sie die folgende Anrufung durchführen. (Wenn die werdende Mutter die Anrufung nicht selber vornehmen kann, kann diese selbstverständlich von einem anderen Menschen für sie vollzogen werden.)

Grün ist die Farbe der Initiation und der Geburt. Zünden Sie also eine grüne Kerze an. Wenn dort, wo das Baby zur Welt kommt, Kerzen nicht erlaubt sind, stellen Sie sich ein helles grünes Licht vor, während Sie die folgenden Worte im Uhrzeigersinn in die vier Himmelsrichtungen sprechen. Beginnen Sie im Osten:

> **Im Namen des Allmächtigen, des Schöpfers aller Dinge,**
> **Des Schöpfers von uns beiden,**
> **Erflehe ich von dir, großer Engel Armisael,**
> **Als Beschützer von Mutter und Kind während der Geburt**
> **Diesem Kind einen sicheren Übergang zu gewähren,**
> **Und bewahre (mich) die Mutter vor Verletzungen**
> **Und überwältigendem Schmerz.**
> **Ich danke dir,**
> **Dass du diese deine Pflichten erfüllst,**
> **Und danke dir im Namen des Allmächtigen.**

Die Intensität dieser Anrufung kann verstärkt werden, indem man zuvor den Raum mit Salzwasser besprengt. Im äußersten Notfall kann man das Ritual des Pentagramms vollziehen (siehe Seite 110) und so die zusätzliche Hilfe der vier großen Erzengel erbitten.

Empfängnis
Lailah

Menschen, die die große Verantwortung und Segnung der Elternschaft auf sich nehmen möchten, können den Engel Lailah zu Hilfe rufen. Lailah ist der Engel der Empfängnis, da seine Energie sehr weiblich ist. Er ist wahrscheinlich identisch mit der Lelahiah in der kabbalistischen Überlieferung, einem der 72 Engel, die einen Buchstaben des Wortes Shemhamphora tragen, dem mystischen Namen Gottes. Die beste Zeit, die Empfängnis mit Leilahs Hilfe zu versuchen, ist die Nacht, vorzugsweise am Freitag, idealerweise bei Neumond. Der Menstruationszyklus spielt natürlich auch eine entscheidende Rolle.

Entflammen Sie drei Kerzen, eine rote und eine weiße sowie eine grüne zwischen den beiden, um zu zeigen, dass das Kind aus der Vereinigung von Mann und Frau geboren wird. Das passende Räucherwerk ist Sandelholz. Das Gebet der Anrufung kann dem folgenden entsprechen:

Oben: Als Engel der Empfängnis kann Lailah uns das Geschenk eines Kindes gewähren.

Im Namen des Allmächtigen,
Der allen Dingen das Leben geschenkt hat,
Rufe ich dich, großer Engel Lailah,
Als Engel der Empfängnis an,
Mir/uns das Geschenk eines Kindes zu gewähren,
Das ich/wir lieben und ehren werde/n
Und gib ihm alle Möglichkeiten, zu seinem wahren
Ich zu gelangen.
Ich danke dir für die Erfüllung dieses Wunsches
Und ehre dich im Namen des Allmächtigen.

Fruchtbarkeit

Samandiriel

D as Geschenk eines Kindes in der Ehe oder Partnerschaft ist nicht immer gegeben. Wird es verwehrt, kann das große Sorgen bereiten. In früheren Zeiten galt Unfrucht- barkeit als Fluch. Die Anhänger der alten gnostischen, als Mandäer bekannten, Sekte, die bis zum heutigen Tage im südlichen Irak leben, halten das Zölibat für eine Sünde und das Zeugen von Kindern für eine religiöse Pflicht.

Aus diesem Grunde wurde der Engel der Fruchtbarkeit, Samandiriel, regelmäßig angerufen. Da Samandiriel mit den Gebräuchen der Mandäer vertraut ist, enthält dieses Ritual einige ihrer Praktiken. Mindestens 24 Stunden vor der Anrufung, die am besten vor Sonnenaufgang, idealerweise am ersten Tag des neuen Mondes durchgeführt wird, sollten Sie kein Fleisch essen und keine Suchtmittel zu sich nehmen. Nehmen Sie ein reinigendes Bad und tauchen Sie ihren Kopf mit dem Gesicht voran dreimal unter, wie bei einer rituellen Taufe. Kleiden Sie sich in eine einfache weiße Seidenrobe und entzünden Sie drei weiße Kerzen. Sprengen Sie ein wenig Salzwasser in die Ecken des Raumes und entzünden Sie etwas Weihrauch und Myrrhe. Richten Sie Ihr Gebet nur nach Osten.

Im Namen des allmächtigen Schöpfers,
Der allen Dingen das Leben schenkt,
Rufe ich dich, Engel Samandiriel,
Mit deiner Kraft, Fruchtbarkeit zu gewähren, an,
Uns/mir, ein Kind zu schenken,
Das wir in Liebe und Wahrheit aufziehen
Und für alle Zeiten schätzen werden als Beweis unserer
    großen Liebe
Zueinander und zu dem Einen, der uns alle geschaffen hat.
Ich/wir danke/n dir, dieses, unser Gebet, anzuhören,
Und ehren dich im Namen des Allmächtigen.

Trauer
Yehudiah

Der Tod eines engen Freundes, Partners oder Verwandten kann eine sehr schmerzliche Erfahrung sein. Zuallererst verspüren wir einen tiefen Verlust, denn ein Teil unseres Lebens ist Vergangenheit geworden. Haben wir alles gesagt oder getan, was wir hätten tun können? Wusste der Mensch, wie sehr wir ihn geliebt haben? Haben wir ihn genug geliebt?

Der Tod kann eine große Prüfung für den Glauben sein, insbesondere wenn ein Mensch »vor seiner Zeit« durch Unfall oder Krankheit stirbt. Das Leben mag uns dann sinnlos, ungerecht und grausam erscheinen. Die Trauernden stellen möglicherweise die Existenz eines gerechten und liebenden Gottes in Frage, als ob der Tod der Beweis für die Sinnlosigkeit des Lebens sei.

Es ist wichtig, demütig zu sein, uns daran zu erinnern, dass es im Leben große Mysterien gibt, die wir zu verstehen nicht erwarten können. Wenn Gedichte und Gebete die schmerzende Wunde der Trauer nicht zu schließen vermögen, können wir in den alten Überlieferungen, welche die Unsterblichkeit der Seele verkünden, Trost finden. Der Übergang der Seele kann nach der Überlieferung der Mandäer und der tibetanischen Buddhisten bis zu 49 Tage dauern. In dieser Zeit kann der Engel Yehudiah jederzeit auf Ihre eigene, persönliche Weise angerufen werden, um den sicheren Übergang Ihres geliebten Menschen zu gewährleisten.

Links: Der Engel Yehudiah geleitet die Seelen der Verstorbenen in den Himmel, ein großer Trost für diejenigen, die ihren Weggang betrauern.

Geschlecht des Kindes

Sandalphon

In der Überlieferung wird Sandalphon als einer der wichtigsten Engel des Himmels angesehen. Man sagt, er sei der Zwilling von Metatron, dem regierenden Engel des Himmels. Der Legende nach war Sandalphon einst der Prophet Elias, wie Metatron ehemals der Prophet Enoch war. Sandalphon ist verantwortlich für das Wohlergehen der Menschheit und entscheidet bei der Empfängnis das Geschlecht eines Kindes. Wollen Sie das Geschlecht eines Kindes festlegen, können Sie sich seiner Hilfe wie folgt vergewissern. Entflammen Sie in der Nacht, in der Sie empfangen wollen, eine Kerze auf Ihrem Altar. Entzünden Sie etwas Sandelholz und nehmen Sie ein Bad. Überdenken Sie die Gründe, aus denen Sie ein bestimmtes Geschlecht für das Kind wünschen, und fühlen Sie die Liebe, die Sie für dieses empfinden würden. Ziehen Sie ein sauberes weißes Nachtgewand an und beten Sie zu Sandalphon mit der folgenden Bitte, sich für Sie einzusetzen:

Der große Sandalphon entscheidet bei der Empfängnis das Geschlecht eines jeden Kindes.

> Oh großer und glorreicher Engel
>   Sandalphon,
> Der du dich unermüdlich zum Wohle der
>   Menschheit bemühst,
> Wir ersuchen dich im Namen des
>   Allmächtigen,
> Schöpfer von allem im Himmel und auf
>   Erden,
> Uns diesen unseren Wunsch zu erfüllen,
>   wenn wir heute Nacht empfangen,
> Uns mit einem Jungen/Mädchen zu
>   segnen.
> In dem Wissen, dass dies deine heilige
>   Pflicht ist,
> Setzen wir unsere Hoffnungen und unseren
>   Glauben in dich,
> Im Namen des Allmächtigen.

Engel der Gnade

✦

Gnade, in religiösem Sinne, ist eine Segnung oder eine Tugend, die den Menschen erhebt, indem sie ihn seines Selbst bewusster werden lässt und Gott näher bringt. Tugenden wie Weisheit, Gerechtigkeit und Barmherzigkeit werden den Menschen als Gnade des Allmächtigen durch den Dienst seiner Engel zuteil. Alle Engel befinden sich im Zustand der Gnade, da sie sich in liebender Harmonie mit dem Schöpfer befinden. Einige Engel sind fähig, der Menschheit bestimmte Tugenden zuteil werden zu lassen. Das ist einfacher, wenn die Menschen den Wert dieser Tugenden schätzen und an den regierenden Engel appellieren, ihnen zu helfen, sie in sich aufzunehmen.

Spirituelles Wissen
Haamiah

Haamiah ist ein Engel aus dem Chor der Gewalten. Dieser Chor ist verantwortlich für die Abwehr der Dämonen, die die Wahrheit pervertieren, und für den Schutz der Religionen vor bösen Einflüssen. Haamiah ist verantwortlich für religiöse Kulte und der Beschützer derer, die nach spirituellem Wissen trachten.

Das ist eine sehr wichtige Aufgabe, da viele von uns anfällig für »falsche Propheten« sind, die sich selber als Gurus oder »spirituelle« Führer ausgeben. Wir können auch Opfer unserer eigenen Schwächen werden. Wir nehmen an, wir seien auf einem spirituellen Weg, dabei sind wir nur im Begriff, unser Ego aufzublähen.

Demut ist unabdingbar für den Erfolg bei der Suche nach spiritueller Wahrheit. Der Engel Haamiah kann uns auf unserem Weg leiten und sicherstellen, dass wir in guten Händen sind. Wir können ihn jederzeit anrufen. Man sollte eine einzelne weiße Kerze entflammen und einige reinigende Myrrhe entzünden.

Oben: Wenn wir nach spirituellem Wissen suchen, müssen wir sicher sein, dass unsere Absichten rein sind.

Im Namen des allmächtigen Schöpfers,
Dessen Wahrheit allumfassend und
absolut ist,
Rufe ich dich, großer Engel Haamiah,
Mit ernstem und offenem Herzen an,
Mich auf meiner Suche nach spirituellem Wissen zu geleiten.
Möge ich das Wahre vom Falschen zu scheiden wissen
Und nicht von Schwindlern irregeleitet werden.
Ich danke dir für die Gewährung deines Schutzes,
Wie es deine wahre Pflicht ist.
Und ehre dich im Namen des Allmächtigen.

Weisheit

Sagnessagiel

Sagnessagiel ist der Fürst der Weisheit. Enoch zählt seinen Namen als einen der vielen von Metatron auf. Dieser gilt nach einigen Überlieferungen als der ranghöchste Engel, der Fürst der Seraphim und Beschützer der Menschheit.

Weisheit unterscheidet sich von Wissen. Als reich an Kenntnissen gilt, wer viel Wissen durch Lernen angehäuft hat. Weise zu sein bedeutet hingegen, die Gaben des Verstehens und der guten Urteilskraft auf der Grundlage von Intelligenz und Erfahrung zu besitzen.

Wenn wir uns nach Weisheit sehnen, um die Mysterien des Lebens zu verstehen oder das tagtägliche Leben besser beurteilen zu können, können wir den großen Engel Sagnessagiel anrufen, um von ihm ein Teil seiner Gnade zu erhalten.

Oben: Sagnessagiel soll, dem Propheten Enoch zufolge, der mächtige Engel Metatron in seiner Funktion als Fürst der Weisheit gewesen sein.

> Im Namen des allmächtigen Schöpfers,
> Dessen Weisheit fehlerlos und absolut ist,
> Rufe ich dich, großer Engel Sagnessagiel an,
> Und erflehe von dir demütig die Gnade
> Des besseren Verstehens zu erhalten.
> Möge ich mein Leben mit mehr Weisheit führen
> Und die Dinge sehen, wie sie wirklich sind.
> Ich danke dir, dass du dies, mein Gebet, hörst,
> Und ehre dich im Namen des Allmächtigen.

Diese oder eine eigene Anrufung wird in die vier Himmelsrichtungen gerichtet, zuerst in Richtung Osten, danach nach Süden, Westen und Norden. Entzünden Sie ein wenig Salbei und entflammen Sie neun Kerzen, denn Neun ist das Symbol für die Wahrheit, die das Ergebnis der Weisheit ist.

Gnade
Achaiah

Achaiah ist der Engel der Geduld. Ungeduld ist eine so weit verbreitete Erscheinung, dass wir sie hinnehmen müssen. Wann immer die Dinge nicht so schnell und glatt laufen, wie wir es uns wünschen, neigen wir dazu, missmutig die Stirn zu runzeln oder frustriert in die Welt zu blicken. Ungeduld rührt aus unserem Verlangen, die Dinge zu kontrollieren, und der Abneigung, den Dingen ihren Lauf zu lassen.

Achaiah wird auch der Entdecker der Geheimnisse der Natur genannt, ein weiterer Hinweis auf die Verdienste der Geduld. Die Geduld schenkt uns die Zeit, den natürlichen Rhythmus und die Natur der Dinge zu beobachten und zu erkennen. Solche Wertschätzung ist ein wunderbarer, wechselseitiger Prozess, denn die Natur nimmt uns gerne in ihre Obhut, wenn sie sich geschätzt fühlt.

Wollen Sie all die Frustration und den Druck, der aus der Ungeduld herrührt, loswerden, bitten Sie den Engel Achaiah um Hilfe. Sie müssen ihm keine Bittschrift schreiben oder eine Anrufung machen. Beobachten Sie sich und, wann immer die Ungeduld aufkommt, bremsen Sie sich. Schließen Sie eine Sekunde lang die Augen und sprechen Sie beim Ausatmen in Gedanken den Namen Achaiah. Stellen Sie sich vor, er winkt Ihnen mit einem weisen, wissenden Lächeln zu. Öffnen Sie die Augen, atmen Sie ein und begeben Sie sich wieder in den Fluss des Lebens. Sie werden sich schnell daran gewöhnen.

Friede
Seraphiel

Einigen Engeln wird die Bezeichnung Fürst des Friedens zugeschrieben, doch der größte von ihnen ist Seraphiel, der Anführer der Seraphim, des ranghöchsten Chores der Engel. Die Seraphim sind die Engel der Liebe und des Lichtes, die den Thron Gottes bewachen. Aus diesem Grund sind sie dem unbeschreiblichen »Frieden Gottes, der das Verständnis übersteigt« am nächsten.

Nur wenige Sterbliche erblickten die strahlende Erscheinung eines Seraphim, dessen Erscheinung man nicht herbeirufen kann. Mit dem folgenden Ritual kann die den Seraphim vorbehaltene Ebene der göttlichen Kontemplation erreicht werden. Wählen Sie einen Zeitpunkt, an dem Sie mit sich im Reinen sind. Nehmen Sie ein entspannendes Bad und machen Sie es sich gemütlich. Zünden Sie Ihr Lieblings-Räucherwerk und eine weiße Kerze an. Stellen Sie diese mit der Flamme in Augenhöhe vor sich. Sprechen Sie ein einfaches Gebet des Dankes für alle Segnungen und in Anbetracht der unbegrenzten Liebe Gottes. Dann schließen Sie Ihre Augen und lassen Sie Ihr ganzes Wesen von friedlichem und liebendem Licht durchfluten. Lassen Sie das Licht noch heller scheinen, ohne dass es unangenehm wird. Stellen Sie sich vor, das Licht bestünde aus Myriaden von Engeln des Friedens, die Sie in Gottes Gegenwart emporheben. Das Ritual vollziehen Sie am besten bei Nacht, damit Sie nach dieser außerordentlich erhebenden Erfahrung in den Schlaf hinübergleiten können.

Links: Der Prophet Enoch beschreibt Seraphiel als den glänzendsten der himmlischen Engel.

Freiheit

Terathel

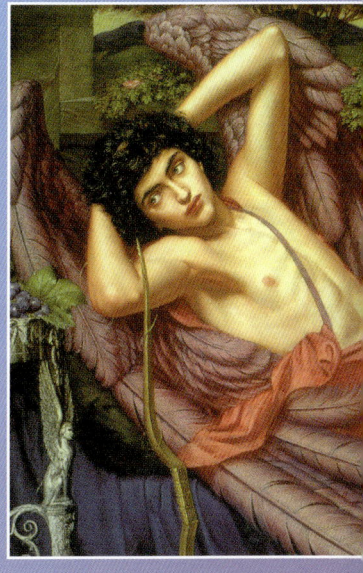

Terathel ist ein Engel des Lichts aus dem Chor der Fürstentümer. Seine besondere Aufmerksamkeit gilt der Freiheit des Individuums und der Entwicklung der Zivilisation auf der Erde, denn nicht allerorts ist wirkliche Freiheit etabliert und selbst in den entwickelten Ländern gibt es noch soziale Ungerechtigkeit.

Indem wir unsere Wut in Mitleid verwandeln, können wir bei diesem Prozess helfen. Wir dürfen, selbst wenn die Dinge noch so ungerecht erscheinen, nicht dem Himmel die Schuld dafür zuweisen. Dennoch ist es nicht leicht zu akzeptieren, dass alles so seine Richtigkeit hat. Alles entwickelt sich naturgemäß und ist Teil eines Ganzen, das weitaus größer als unser Fassungsvermögen ist. Dem Fortschritt könen wir jedoch dienen, indem wir den Engel Terathel bitten, die Länder und ihre Regierungen auf den Weg der Freiheit zu führen.

Oben: Terathel ist ein Engel aus dem Chor der Fürstentümer. Er steht für Licht, Zivilisation und Freiheit.

Im Namen unseres alllmächtigen Schöpfers,
Dem alle Dinge ihre Existenz verdanken,
Rufe ich dich an, großer Engel Terathel,
Der du berufen bist, der Menschheit zu helfen,
auf dem Pfad der Freiheit für Individuen und Gemeinschaften,
Verstand und Herz derer, die uns leiten
In allen Ländern und Orten der Erde, zu erleuchten,
Auf dass sie für das allgemeine Wohl wirken.
Ich danke dir für deine Dienste
Und ehre dich im Namen des Allmächtigen.

Gerechtigkeit
Vasiariah

V asiariah ist ein Mitglied des Chores der
Fürstentümer unter Zadkiel. Er ist ein
Engel der Gerechtigkeit und der
Patronatsengel der rechtlichen Berufe. Vasiariah kann
gebeten oder angerufen werden, um die vor dem
Gesetz Stehenden zu unterstützen. In das Rechtssystem
jedoch kann er nicht eingreifen und auch nicht aus
einem Schuldigen einen Unschuldigen machen.

Er kann ein korrektes Urteil bewirken und, ist der Angeklagte schuldig, das Gericht
ermutigen, Gnade und Milde walten zu lassen. Es ist nicht immer im Interesse der
Menschen, einer gerechten Bestrafung zu entgehen. Sie könnten leicht den Eindruck
bekommen, dass sie »damit davon gekommen sind«, was ihren Respekt vor dem Gesetz
noch verringert. Vasiariah, mit den Feinheiten von Verbrechen und Bestrafung bestens
vertraut, kann auch abwarten, bis der Angeklagte seine Lektion gelernt hat, bevor er zum
Verhängen einer besonders milden Strafe ermutigt.

Das göttliche Recht befasst sich weniger mit Bestrafung und mehr mit Reue, dem aus
der Erkenntnis rührenden Gefühl, etwas falsch gemacht zu haben, und der Entscheidung,
das Verhalten zu ändern. Wenn wir Vasiariah um Gnade angehen, sei es nun für uns selber
oder einen anderen, können wir ihm eine Bittschrift schreiben (siehe Seite 120).

Rechts: Vasiariah, ein Engel der
Gerechtigkeit, kann Gerichte
korrekte Urteile sprechen und Milde
walten lassen, wo es angebracht ist.

Mitgefühl
Ramiel

itgefühl ist eine der wichtigsten Tugenden,
die den Engeln zugesprochen wird. Mitgefühl lässt den Mitfühlenden das Leiden der
anderen nachempfinden. Mitleid für ein sterbendes
Kind oder verletztes Jungtier zu empfinden ist nicht
schwer, jedoch erfordert es »engelgleiches« Verständnis
zu erkennen, dass die allerschlimmsten Menschen am
meisten der Liebe bedürfen.

Der Engel Ramiel und der Erzengel Raphael sind
die beiden Engel des Mitgefühls. Ramiel ist eng verbunden mit dem mitfühlendsten und demütigsten der
Heiligen, dem Heiligen Franz von Assisi. Dieser war
zunächst ein junger, aristokratischer Lebemann, bis er
eines Tages bei einem Ausritt auf dem Lande einen
Leprakranken entdeckte. Von Mitgefühl völlig über-
wältigt gab er sein weltliches Leben auf, um fortan die
Kranken zu heilen und den Ärmsten zu dienen. Er
identifizierte sich dergestalt mit den Leiden Jesu, dass er
die Wundmale empfing und an den Stellen blutete, an
denen der Körper des Erlösers durchstochen worden
war. Er sei, davon geht man aus, nach seinem Tode zum
Engel geworden und habe sich selber Ramiel genannt.
Als Mitglied des Chores der Mächte kann Ramiel einer
der beiden Engel der Auferstehung gewesen sein, die
Christus in den Himmel geleiteten.

Andere, in Laster verstrickte Seelen, und uns selber
nicht zu richten, darum können wir den Engel Ramiel bitten. Er vermag uns mit der
Süße seines unendlichen Mitgefühls zu überfluten, auf dass wir zutiefst die Not all jener
Wesen empfinden, die ohne Liebe sind.

Oben: Der Heilige Franz von Assisi
empfängt seine Wundmale, ein
Symbol seines Mitgefühls für die
Leiden von Jesus Christus am
Kreuz.

Engel der Barmherzigkeit

Der Erzengel Gabriel ist der Retter, der in allen Notlagen um Hilfe angerufen werden kann. Es gibt auch andere Engel, die besondere Aufgaben bei bestimmten Phänomenen, wie Naturkatastrophen, wahrnehmen. Um die Zerstörungen, die solche Desaster verursachen können, zu mildern und diejenigen zu beschützen, die von ihnen in Schrecken versetzt werden, können diese Engel angerufen werden. Auch andere Engel können über derartige Unbillen hinwegtrösten. Manche Menschen, die besondere Fähigkeiten und Qualitäten haben, sollen in ihren Astralleibern in der Lage sein, die helfenden Engel zu unterstützen. Mögen viele von uns nach derartiger magischer Nächstenliebe streben.

Hurrikane

Zamiel

Engel der Barmherzigkeit

Hurrikane verursachen schreckliche Verwüstungen, die große Schäden an Hab und Gut bewirken und, weitaus schlimmer, sogar zum Tod von Menschen führen können. Solche »Taten Gottes« sind nicht zu verhindern, ihre Folgen jedoch können durch Gebete und gelegentlich auch durch ein Wunder gemildert werden, sodass Menschenleben vor den schrecklichen Stürmen gerettet werden können.

Der Engel Zamiel besitzt Macht über Hurrikane und kann angerufen werden, um gefährdete Menschen zu schützen oder die Auswirkungen der Stürme zu mildern. Sollten Sie von einem Hurrikan erfahren, können Sie Zamiel mit einem Anrufungsgebet wie dem folgenden um Rettung ersuchen:

> Im Namen des allmächtigen Schöpfers
> Rufe ich dich, großer Engel Zamiel,
> Als Engel der Hurrikane an,
> Die Gewalt dieses schrecklichen Sturms zu mäßigen;
> Mögest du ihn auf seinem Weg von den verwundbarsten Orten abhalten,
> Auf dass er sich dort austobe, wo nur wenige zu Schaden kommen.
> Ich danke dir, dass du mein Gebet erhörst,
> Und ehre dich im Namen des Allmächtigen.

Ihre Anrufung richten Sie an die vier Winde, indem Sie im Osten beginnen und im Uhrzeigersinn weitergehen. Zünden Sie eine beliebige Zahl Kerzen an. Stellen Sie sich das ruhige Auge des Sturms und die spiralförmig darum angeordneten Winde bildlich vor. Lassen Sie die Winde vor Ihrem inneren Auge abflauen, bis alles still und friedlich ist.

Rechts: Das spiralförmige Auge eines Hurrikans, eine der zerstörerischsten Naturgewalten.

Schutz vor dem Bösen
Lahabiel

Allen traditionellen Kulturen wohnt ein starker Glauben an böse Geister inne. Missgeschicke sowie geistige und körperliche Erkrankungen werden auf deren negative Einflüsse zurückgeführt und Zaubersprüche wie auch Amulette zum Schutz eingesetzt. Zauberer und Missetäter sollen sich solcher Geister bedienen, aber selbst ohne deren Macht können ihre zielgerichteten Gedanken großen Schaden anrichten.

In den entwickelten Ländern sind wir gemeinhin weniger abergläubisch und bevorzugen rationale Erklärungen für unangenehme Situationen. Die Wahrheit über diese Dinge kennt letztlich keiner. Wir alle haben unsere eigenen Ansichten aufgrund von Erfahrungen, Glauben oder Intuition. Sollten Sie sich irgendwie verhext oder seltsam beeinflusst fühlen, wäre es ratsam, psychischen oder spirituellen Schutz zu suchen.

Einer der Engel, die angerufen werden, um böse Geister abzuwehren, ist Lahabiel, ein Engel des ersten Tages, des Sonntags, der für Michael, den Drachentöter, arbeitet. Lahabiel hat besondere Aufgaben als »Geisterjäger« und kann ein machtvoller Verbündeter sein. Die günstigste Zeit, sich an ihn zu wenden, ist der Sonntag. Das beste Ritual, um Lahabiels Schutz zu erflehen, ist das Ritual des Pentagramms (siehe Seite 110). Sie können auch Lahabiels Namen in griechischen Buchstaben (siehe Seite 116) auf ein Stück Leder schreiben und das als schützendes Amulett am Körper tragen.

Links: Die Kräfte des Guten vertreiben die Kräfte des Bösen, personifiziert durch Satan in diesem Stich von Gustave Doré.

Dürre

Riddia

D er Regen ist das Wasser des Lebens, das die
Existenz alles Lebendigen auf der Erde sichert.
Daher überrascht es nicht, dass es in allen Kulturen
und Überlieferungen Gottheiten und Geister gibt, die den
Regen regieren und die mit oft komplexen Ritualen
angerufen werden können, um vor Zeiten der Dürre zu
schützen.

Verschiedene Engel regieren den Regen. Am bekanntesten ist wohl Riddia, in der hebräischen Überlieferung
hoch verehrt als Fürst des Regens und Beherrscher der
Wasser. In Zeiten der Dürre kann er um Regen angerufen
werden. Geht es nicht um Ihren Wohnort, können Sie in
die nachstehende Anrufung den gewünschten Ort einsetzen.
Sie können auch einen groben Lageplan des Ortes zeichnen,
den Ortsnamen in die Mitte schreiben und das Ganze für
Regen mit einigen Wassertropfen besprengen und gegen
Dürre mit einigen Salzkörnchen bestreuen. Entflammen Sie
neun weiße oder silberne Kerzen und entzünden sie für
Regen ein wenig Kampfer und Jasmin.

Oben: Regen ist der Ursprung aller Fruchtbarkeit und allen Lebens

Im Namen des allmächtigen Schöpfers,
Dem Erschaffer von allem, was das Leben erhält,
Rufe ich dich, Riddia, Fürst des Regens, an,
Dieser ausgedörrten Erde Erfrischung zu bringen,
Auf dass alle Pflanzen und Früchte wachsen mögen
Und alle Kreaturen, die hier leben, genährt werden mögen.
Ich danke dir mit offenem Herzen,
Dass du dieses, mein Gebet, erhörst,
Und ehre dich im Namen des Allmächtigen.

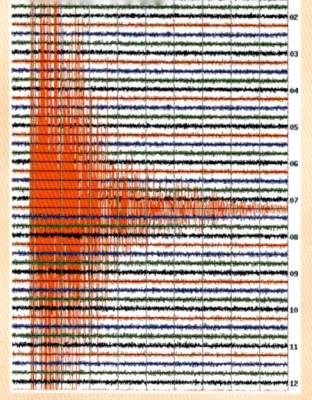

Erdbeben

Suriel

Die Erde ist immer noch im Werden, denn die Erdkruste bewegt und verzieht sich. Das bringt Gefahren für all diejenigen, die auf ihrer Oberfläche leben. Erdbeben treten völlig überraschend auf und das Überleben derer, die sich im Epizentrum befinden, liegt in den Händen der Engel. Die Seismologen, Wissenschaftler, die sich mit Erdbeben befassen,

arbeiten intensiv an einem Frühwarnsystem, um das Auftreten seismischer Verwerfungen vorhersagen zu können.

Tiere, so scheint es, spüren Erdbeben Stunden oder gar Tage zuvor und sind somit wesentlich sensibler als unsere besten Messgeräte. Wir können nur hoffen, dass wir mit Hilfe ihres Verhaltens die Gefahr rechtzeitig erkennen. In der Zwischenzeit besteht das Risiko für diejenigen weiter, die an den Rändern der Erdplatten leben.

Unbestreitbar verdanken wir alle unsere wachen Momente der Gnade Gottes. Ein Teil des Wegs der Wahrheit und der Demut besteht darin, dieses ohne Furcht und Klage hinzunehmen. Doch wir können uns auch selber helfen, indem wir mit den Engeln kommunizieren. Der Engel, der Macht über Erdbeben besitzt, ist Suriel. Wir können ihn anrufen, um Erdbeben zu verhindern oder die Folgen solcher Katastrophen zu mildern. Um uns an ihn zu wenden, können wir vier weiße Kerzen, die Hoffnung und Stabilität symbolisieren, entflammen und ein wenig Myrrhe entzünden.

Im Namen des allmächtigen Schöpfers,
Dem alle Dinge ihr Sein verdanken,
Rufe ich dich, großer Engel Suriel,
Als Regent der Erdbeben an,
Warnsignale zu senden
Vor drohenden Erdverwerfungen.
Mögest du die Geburtsqualen von Mutter Erde besänftigen,
Auf dass diese weniger zerstörerisch seien.
Mögest du unsere Baumeister anleiten, sicherer zu bauen.
Ich danke dir für deine Hilfe und ehre dich.

Hungersnöte

Asda

Hungersnöte, die größten biblischen Heimsuchungen, sind in vielen ärmeren Gebieten der Erde, die regelmäßig von Dürren und Überschwemmungen heimgesucht werden, noch immer an der Tagesordnung. Nüchtern betrachtet tragen die Industrienationen wohl zu diesen Katastrophen bei, da sie weiterhin fossile Brennstofffe nutzen, die den »Treibhauseffekt« verursachen und das Klima verändern. Wir können das ausgleichen, indem wir Hilfsgüter verteilen. Wir können aber auch die Engel bitten, das Gleiche zu tun.

Der Engel der Nahrung ist Asda, manchmal auch Isda genannt. Dieser Engel der Barmherzigkeit kann helfen, uns mit unserem täglichen Brot zu versorgen. Wir können ihn anrufen, damit er sich denen, die darben, zuwendet, um so sicherzustellen, dass möglichst viele Menschen ausreichend Nahrung erhalten. Asda kann dafür sorgen, dass die Lebensmittel für alle reichen. Er mag sogar Jesus bei der Speisung der 5000 geholfen haben. Wie auch immer, dies ist seine Art von Wunder. Um Asda anzurufen, können wir eine Hand voll Getreide auf unseren Altar legen und vier grüne Kerzen, das Symbol der Erde und des Wachstums, entflammen. Wir können auch etwas Sandelholz entzünden.

> Im Namen des allmächtigen Schöpfers,
> Auf den wir uns wegen unseres täglichen Brotes verlassen können,
> Flehe Ich dich, Asda, großer Engel der Nahrung an,
> Den Mündern der Darbenden Nahrung zu spenden,
> Wo auch immer sie auf der Erde sind.
> Mögen sie überleben und gedeihen und erfahren, dass
> Die Liebe die wichtigste Nahrung für Herz und Seele ist.
> Ich danke dir, dass du dir dieses Gebet anhörst, und
> Ehre dich im Namen des Allmächtigen.

Engel der Heilung

✎

Der große Erzengel Raphael, der »Stahlende, der heilt«, regiert alle Angelegenheiten der Gesundheit. Er kann bei der Bewältigung von Gesundheitsproblemen angerufen werden und es stehen ihm auch Hilfsengel für spezielle Probleme zur Seite. Einige der bekannteren Engel sind auf den folgenden Seiten verzeichnet. Menschen, die eher astrologisch ausgerichtet sind, können auch mit den planetarischen Engeln (siehe Seiten 40–57) arbeiten, da die Planeten einzelne Körperteile und -funktionen regieren. Möglich ist auch, mit all diesen Engeln zu arbeiten, da man nie genug Engel an seiner Seite haben kann.

Herz

Och

O ch ist der beliebteste Engel in der okkulten Angelologie. Als Engel der Alchemie kann er denen, die das »große Werk« vollbringen wollen, das dafür notwendige Wissen und Verständnis vermitteln. Als Beschützer des Lebenselixiers kann er das Leben derer verlängern, die ihn erfolgreich anrufen. Er ist unter dem Erzengel Michael, dem Regenten der Sonne, und soll 36 536 Legionen von Sonnengeistern befehligen.

Die Sonne regiert das Herz und man kann Och anrufen, um es gesund zu erhalten. Das Herz ist nicht nur ein lebenswichtiges Organ, da es das Blut durch den Körper zirkulieren lässt, sondern auch der Sitz der Seele. Spirituelles Wachstum hängt davon ab, wie viel wir uns sorgen und wie sehr wir lieben wollen, also letztlich: Wie groß unser Herz ist. Och versteht alle Mysterien des Herzens und kann uns in allen Herzensangelegenheiten und bei allen organischen Herzproblemen helfen.

Och sollte man am Sonntag anrufen, am besten um 12 Uhr, wenn die Sonne im Zenit steht. Entflammen Sie sechs weiße, gelbe oder goldfarbene Kerzen und entzünden Sie ein wenig Weihrauch, Myrrhe oder Kopal. Das nachstehende, oder ein ähnliches Gebet, sollte im Uhrzeigersinn in alle vier Richtungen gesprochen werden. Beginnen Sie im Osten.

Großer Engel Och, dem es gegeben ist,
Durch die Gnade des Einen, des Schöpfers von allem,
Die mysteriösen Wege des Herzens zu kennen,
Ich flehe dich an, dieses Herz mit Heilkraft zu erfüllen,
Ich beschwöre dich, dieses Herz mit Liebe anzufüllen,
Auf dass es, solange es ihm möglich ist, kräftig schlage
Im Einklang mit der Wahrheit des Himmels und der Erde
Im Namen des allesliebenden Allmächtigen.

Links: Es gibt viele heilende Engel, von denen sich einige auf besondere Probleme spezialisiert haben. Sie können alle angerufen werden, um den Leidenden Rettung zu bringen.

Augenlicht

Mahzian

Ü ber den Engel Mahzian wurde wenig geschrieben, doch die Überlieferung kennt ihn als den Engel, der das Sehvermögen zu verbessern oder wiederherzustellen vermag. Zunächst ein kurzer Exkurs in die astrologisch-alchemistische Überlieferung der Augen. Nach dieser regiert die Sonne das rechte Auge des Mannes und das linke der Frau und der Mond das linke

Oben: Der Engel Mahzian kann angerufen werden, um das Sehvermögen wiederherzustellen und auch die Fähigkeit, die Vollkommenheit der Schöpfung zu schauen und über sie nachzudenken.

Auge des Mannes und das rechte der Frau. Die beste Zeit für eine Anrufung Mahzians ist daher der Tag des Vollmonds bei Sonnenaufgang, gleichgültig, ob das linke, das rechte oder beide Augen zu heilen sind.

Dann besteht die Chance, dass der Mond noch über dem Horizont steht, wenn die ersten Sonnenstrahlen erscheinen, sodass die Kraft beider Himmelskörper für die Heilung zur Verfügung steht. Stehen Sie vor der Dämmerung auf und nehmen sie ein reinigendes Bad. Sobald die Sonnenstrahlen über dem östlichen Horizont erscheinen, wenden Sie sich nach Osten und sprechen die folgenden Worte. (Sie können den Wunsch selbstverständlich auch mit Ihren eigenen Worten sprechen.)

Im Namen des Allmächtigen, des Schöpfers alle Dinge,
Flehe ich dich, den großen Engel Mahzian,
Als Erneuerer des Augenlichts an,
Mir das Sehvermögen zu gewähren, das mir fehlt.
Ich danke dir von ganzem Herzen,
Dass du diese deine Pflicht erfüllst,
Und ehre dich im Namen des Allmächtigen, unseres Schöpfers.

Wenden Sie sich nun nach Süden und wiederholen Sie dieses Gebet, dann betend nach Osten und Norden. Verwenden Sie, wenn möglich, während des Rituals eine Adlerfeder, die scharfes Sehen symbolisiert. Streichen Sie damit während des Gebets über das schwache oder die schwachen Augen.

Allgemeine Heilung

Ariel

Ariels Name bedeutet »Löwe Gottes« und er wird oft mit einem Löwenkopf abgebildet. Obgleich er auch zu den gefallenen Engeln zählen kann, wird er in der jüdischen Überlieferung als einer der wichtigsten Helfer Raphaels bei der Heilung von Krankheiten dargestellt. Der Löwe ist ein Symbol der Sonne, weil das Sternzeichen Löwe von der Sonne regiert wird. Die Sonne repräsentiert Vitalität und Wohlbefinden. Aus diesem Grund ist Ariel der heilende Engel, auf den man sich beruft, wenn man unter Energiemangel oder an allgemeiner Erschöpfung leidet. In solchen Fällen ist es hilfreich, Ariel in einem Gebet mit den folgenden Worten anzurufen.

> Im Namen des Allmächtigen, des Schöpfers von allem,
> Rufe ich dich an, Ariel, großer Engel des Heilens,
> Erkoren, die Gesundheit der Sterblichen wiederherzustellen
> Mir Vitalität und Wohlbefinden zu geben,
> Auf dass ich gekräftigt mein Ziel verfolgen kann
> Auf dem Weg der Wahrheit und Liebe.
> Ich danke dir, dass du dieses, mein Gebet, erhört hast,
> Und ehre dich im Namen des Allmächtigen.

Um diese Anrufung zu verstärken, können Sie etwas Kopal (»Löwenträne«) entzünden und sechs Kerzen entflammen: gelbe, weiße oder aus Bienenwachs.

Links: Ein heilender Engel bringt einer kranken und geschwächten Frau Heilmittel.

Leiden lindern

Sabrael

L eiden, so glaubt man in vielen traditionellen Kulturen, werde von bösen Geistern verursacht, die sich im Körper einnisten. Wissenschaftlich erwiesen ist, dass die Mehrzahl der Krankheiten durch Viren und Parasiten verursacht wird, die in den Körper eindringen. Diese Analogie ist offensichtlich, wenn nicht sogar alarmierend. Es ist durchaus möglich, dass die gefallenen Engel parasitäre Organismen beherrschen, die im wahrsten Sinne des Wortes das Leben aus ihrem Wirt heraussaugen. In der okkulten Angelologie wird behauptet, nur ein Engel könne Spendonael, den Dämon des Leidens, bezwingen. Dieser Engel ist Sabrael, einer von den »Strahlenden« oder dem Chor der Mächte. Bei Leiden kann man Sabrael anrufen, um jegliche dämonische Regungen auszurotten.

Nelken

Soll Sabrael sich am Kampf beteiligen, ruft man ihn am besten am Dienstag an, wenn er die Energien des Mars nutzen kann, die von Camael, dem Regenten des Mars (siehe Seite 50), freigesetzt werden. Reinigende Duftstoffe, wie Wermut und Nelken sollten verbrannt werden. Entzünden Sie fünf rote Kerzen, wenden Sie sich nach Osten und sprechen sie diese Anrufung.

Im Namen des Allmächtigen, des Schöpfers von allem,
Rufe ich dich, großer strahlender Engel Sabrael, an
Den Dämonen des Leidens aus mir/. . . . .(Namen einsetzen) zu vertreiben.
Möge dein feuriges Schwert reinigendes Licht in jede Zelle meines/. . . . . Körpers bringen,
Sodass kein Platz mehr als Versteck des Leidens bleiben kann.
Möge mein/. . . . . Widerstand gestärkt werden, um allen Angriffen zu widerstehen,
Und erhalte meinen/ihren/seinen Körper als Tempel der Liebe.
Ich danke dir für die Erfüllung deiner Pflicht
Und ehre dich im Namen des Allmächtigen.

Gedächtnis

Zachariel

Rosmarin

Zachariel ist der regierende Fürst des Zweiten Himmels und des Chores der Fürstentümer. Er wird angerufen, um ein gutes Gedächtnis zu gewähren. Während Gabriel, als planetarischer Regent des Mondes, die Abläufe des Gehirns und somit das Erinnerungsvermögen regiert und Cassiel für das Langzeitgedächtnis zuständig ist, kann Zachariel die Qualität des Gedächtnisses verbessern. Das Gedächtnis ist äußerst wichtig, um das Leben zu organisieren und die Erinnerung an alles Erlebte zu speichern. Das Herz steht mit dem Gedächtnis in direkter Verbindung, um uns daran zu erinnern, was wir wie getan haben. So können wir unsere Fehler erkennen und uns zum Besseren ändern.

Das Ziel aller Suchenden ist, das Bewusstsein zu erweitern. Das Herz kann dann die um Wissen erweiterte Achtsamkeit in Weisheit verwandeln. Das ist die Qualität des Gedächtnisses, die Zachariel uns schenken kann.

Im Namen des allmächtigen Schöpfers,
Der allen lebenden Dingen das Bewusstsein gibt,
Beschwöre ich dich, großer Erzengel Zachariel,
Dem es von dem Einem gegeben ist, die Qualität des
    Gedächtnisses zu regieren,
Mir die Tiefe und Klarheit der Erinnerung zu verleihen,
Auf dass ich ein unbestechlicher Betrachter all meiner
    Erlebnisse sei,
Für alle zum Segen und niemandem zum Schaden.
Ich danke dir dafür, mir diesen Wunsch zu gewähren,
Und ehre dich im Namen des Allmächtigen.

Diese Anrufung kann man verstärken, indem man weiße Kerzen entzündet und Rosmarin, als Kraut oder als Öl, verbrennt, da diese Pflanze das Gedächtnis wiederherstellen kann und Zachariel heilig ist.

Weltliche Engel

Engel sind die herrschende Intelligenz in der Schöpfung,
von den Sternen und Galaxien bis hin zu den profansten
Tätigkeiten der Menschen. Die Engel in diesem Kapitel
regieren die alltäglichen Belange, die letztendlich
genauso wichtig sind wie die großen Herausforderungen
des menschlichen Lebens, wie Geburt und Sterben.
Selbst in scheinbar trivialen Abläufen lassen sich große
Wahrheiten entdecken. Der Wunsch, alles gut zu
vollbringen, was auch immer es sein mag, verleiht uns
Gnade. Wenn wir gern da sind, wo wir sind, denjenigen
lieben, mit dem wir zusammen sind, und das lieben, was
wir tun, dann sind wir gesegnet und ebenso alles, was
uns umgibt.

Geschäfte

Teoael

Für eine neue geschäftliche Unternehmung bedarf es etwas Glück, harter Arbeit und einer guten Geschäftsidee. Nicht einkalkulierte Risiken können die sicherste Unternehmung zunichte machen. Menschen, die ein neues Geschäft beginnen, investieren viel Geld – gleich ob ihr eigenes oder fremdes –, Hoffnung, Zeit und Energie. Der Einsatz ist hoch und das Scheitern bitter, das sowohl Beziehungen wie auch Finanzen ruinieren kann.

In traditionellen jüdischen Gemeinschaften wurde der Engel Teoael oft angerufen, um Schiffe mit wertvoller Fracht zu beschützen. In den Tagen der Schifffahrt konnte ein Kaufmann ruiniert sein, wenn seine Güter auf dem Boden des Meeres oder in den Händen der Piraten landeten. Teoael ist ein Fürst des Chores der Throne. Er wird gebeten, neue geschäftliche Unternehmungen zu segnen und ihren Erfolg zu sichern. Für eine Bittschrift an Teoael folgen Sie den Anweisungen auf Seite 120. Schreiben Sie die Bittschrift auf dem Briefbogen Ihrer Firma und/oder stecken eine Visitenkarte oder etwas anderes hinein, das ihm helfen kann, sich einzustimmen. Denken Sie daran, dass die Natur Ihres Geschäfts und die Absicht, die Sie verfolgen, für Teoael nicht ohne Belang sind. Als ein Engel des Lichts und der Liebe kann er nur positive Initiativen unterstützen.

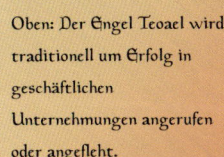

Oben: Der Engel Teoael wird traditionell um Erfolg in geschäftlichen Unternehmungen angerufen oder angefleht.

Prüfungen

Raphael

Schriftliche oder mündliche Prüfungen sind oft der Anlass für Angst und Anspannung. Viele Wochen, Monate, ja oft Jahre intensiven Lernens werden nun daran gemessen, wie gut man sich in wenigen Stunden an einem bestimmten Tag darstellen kann. Das erfordert Selbstvertrauen, Ruhe und ein gutes Erinnerungsvermögen.

Nervöse Anspannung kann alles zunichte machen. Schweißausbrüche oder Gedankenblockaden können das Sprechen oder das Schreiben erschweren. Zugegeben, dies ist das schlimmste Szenario. Steht jedoch die gesamte Zukunft auf dem Spiel, sollte man sicher sein, dass man alle Kräfte gesammelt hat.

Der große Erzengel Raphael, in seiner Rolle als Regent des Merkur, ist wohl der Engel, den man am besten bei oder besser noch vor Prüfungen anrufen sollte. Raphael reguliert gedankliche Abläufe, so wie die Fähigkeit klar zu denken und gut zu sprechen und stellt sicher, dass alle notwendigen Informationen aus der Erinnerung zur Verfügung stehen. Raphaels geistige Reflexe sind schneller als das Licht, und genau das brauchen wir für eine Prüfung.

Für eine Bittschrift an Raphael folgen Sie den Anleitungen auf Seite 120. Der beste Tag für eine Anrufung oder Bittschrift ist der Mittwoch. Da Raphael sehr rasch antwortet, müsste die Bittschrift nach einer Woche verbrannt werden. Sollten Sie Raphael anrufen wollen, folgen Sie der Anleitung auf Seite 41.

Finden verlorener Gegenstände

Rochel

D ie meisten traditionellen Kulturen haben Gottheiten oder Geister, die ihnen helfen, verlorene Gegenstände wiederzufinden. In der katholischen Kirche ist der Heilige Antonius der Schutzpatron der verlorenen Dinge. Der Engel, der dafür zuständig ist, ist jedoch Rochel.

Klären Sie immer zuerst, welche Beziehung Sie zu dem Gegenstand haben, ehe Sie Rochel anrufen. Welchen Wert hat der Gegenstand für Sie? Warum ist es wichtig, ihn wiederzufinden? Sind Gegenstände nicht auffindbar, stellt sich auch rasch Argwohn ein, sie könnten gestohlen worden sein. Vielleicht verdächtigen wir gar Freunde oder unsere Familie. Bevor Sie das weiterverfolgen, akzeptieren Sie, dass die Dinge nicht auffindbar sind. Argwohn ist ein Dämon, den wir nicht zulassen sollten. Es ist klüger von einem liebgewonnenen Gegenstand abzulassen, als Zwist in den Freundes- und Familienkreis zu tragen.

In einer Bittschrift an Rochel, sollten Sie festhalten, warum Ihnen der Gegenstand am Herzen liegt und wofür Sie ihn gerne wieder hätten. Wird die Bittschrift in griechischen Buchstaben wie auf Seite 116 geschrieben, ist sie besonders wirkungsvoll. Fertigen Sie eine kleine Zeichnung des Gegenstands an oder stecken Sie ein Gegenstück, wie den zweiten Ohrring, in einen Umschlag. Der Clou ist, diese nun zu vergessen. Sollte das klappen, werden Sie sich wundern, wie oft die Dinge ganz wundersam zurückkehren.

Sport
Camael

S port und spielerische Wettbewerbe werden von Camael, dem Regenten des Mars, dem Planeten des Wettbewerbs, regiert. Camael weiß, dass Leistung durch Konkurrenz beflügelt wird, da es sonst die Leidenschaft nicht gäbe, die zu Hochleistungen ansport. Nur im Wettbewerb kann der Leistungsstandard, der einen Sportler zum Sieger macht, festgelegt werden. Das lässt uns schneller laufen, weiter werfen, besser spielen. Mars regiert das Blut, das die Muskeln mit Sauerstoff versorgt und so den Athleten Stärke, Beweglichkeit und Ausdauer gibt.

Camael wandelt die Aggressionen des Mars in sportliche Aktivität um. Wetteifer und Aggression sind, richtig eingesetzt, Tugenden in Mannschafts- und Kontaktsportarten. Camael kann helfen, den Mut und das Selbstvertrauen des Athleten für das Bestehen der sportlichen Herausforderung zu steigern. Um zu gewinnen ist es wichtig, dann, wenn es darauf ankommt, ruhig und konzentriert zu sein, dem Druck und der Anspannung standzuhalten und den weiten Sprung oder Stoß genau dann zu machen, wenn es zählt.

Der Mars ist der Planet des Eisens und Camael kann uns helfen, einen eisernen Willen zu entwickeln, um unser Bestes zu geben und zu triumphieren, wenn andere scheitern. Einfaches Meditieren über Camaels Attribute kann unsere Form verbessern. Für einen konkreten Anlass sollte man ihn direkt anrufen. Auf Seite 51 befinden sich die Zuordnungen zu Camael und auf Seite 41 ein Anrufungsritual.

Links: Camael kann helfen, Aggressionen in gesunden Ehrgeiz, der zu sportlichen Glanzleistungen führt, zu verwandeln.

Gartenarbeit
Habuhiah

Habuhiah ist der Engel der Gartenarbeit, der Landwirtschaft und der Fruchtbarkeit des Bodens. Jede Pflanzenart hat ihre *deva*, eine »engelhafte« Intelligenz, die für ihre Gestalt und charakteristischen Merkmale verantwortlich ist. Habuhiah wirkt eng mit den devas zusammen und ermutigt sie, die Pflanzen kraftvoll und nahrhaft zu machen. Das ist auch für die Pflanzen wichtig, denn diejenigen, die am besten wachsen und die für uns am nahrhaftesten sind, pflanzen wir häufiger an. Das sichert letztlich das Überleben der Art.

Pflanzen sind wie Kinder. Kinder lieben Süßigkeiten, Limonade und Fastfood, auch wenn es nicht gut für sie ist. Das führt zu einem kurzfristigen Energieschub, kann aber auch hyperaktiv machen und das Immunsystem schwächen. Bei den Pflanzen verhält es sich ähnlich. Werden Sie mit Kunstdünger gedüngt, wachsen sie schneller und wirken üppiger, sind aber weniger widerstandsfähig und nahrhaft. Das ärgert die *devas*, die dadurch ihre Schützlinge gefährdet sehen. Habuhiah kann uns helfen, sowohl die *devas* glücklich zu machen wie auch uns gesund zu ernähren, in dem er uns hilft Pflanzen und Boden gut zu behandeln. Ziehen Sie Gemüse im eigenen Garten, sollten Sie einen Komposthaufen für organischen Abfall anlegen. Immer wenn Sie Abfall auf den Haufen werfen, können Sie Habuhiah anrufen, den Müll in den wunderbar lebensstiftenden Kompost umzuwandeln. Die *devas* werden Sie dafür lieben.

Links: Landwirte und Gärtner können mit Habuhiah die Fruchtbarkeit des Bodens wie auch die Gesundheit ihrer Pflanzen und Früchte steigern.

RITUALE

DER WERT DER RITUALE LIEGT IN IHRER FÄHIGKEIT, UNSER GANZES SEIN ZU KONZENTRIEREN UND AUF UNSER VORHABEN AUSZURICHTEN. DAS WIRD DURCH WIEDERHOLUNG ERREICHT (DURCH RITUALE, DIE JAHRHUNDERTELANG IMMER MIT DEM GLEICHEN ZIEL VOLLZOGEN WURDEN, ERHALTEN DIE ABLÄUFE AUSGEPRÄGTE ENERGETISCHE CHARAKTERISTIKEN) UND DURCH ASSOZIATIONEN (DEN GEBRAUCH SICH ENTSPRECHENDER KLÄNGE, FARBEN, SUBSTANZEN UND OBJEKTE, UM SICH AUF EINEN BESTIMMTEN ENERGETISCHEN ARCHETYPUS ODER EIN BESTIMMTES WESEN EINZUSTELLEN). HIER WERDEN UNS DIE UNMITTELBAREN TECHNIKEN DER ENGEL-MAGIE BESCHRIEBEN UND EINIGE DER WICHTIGSTEN UND STÄRKSTEN RITUALE VORGESTELLT, VON DENEN DREI VERSIEGELT SIND, UM SIE VOR DEM PROFANEN ZU SCHÜTZEN.

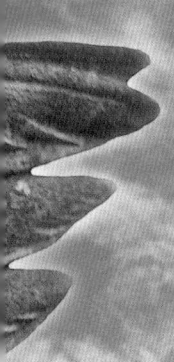

Anrufungsrituale

Anrufungsrituale sind wirkungsvoller, wenn wir uns sorgfältig vorbereiten. Es ist einfacher sich auf das »engelhafte« Bewusstsein einzustimmen, wenn wir uns reinigen und mit unserem höheren Ich, dem weisen, uneigennützigen Teil unseres Bewusstseins in Kontakt sind. Dieser Vorgang besteht aus mentaler Vorbereitung, aus Fasten und Reinigen. Fasten kann auch heißen, sich ein oder zwei Tage fester, nicht aber flüssiger Nahrung zu enthalten (längeres Fasten ist nur zu empfehlen, wenn Sie darin geübt sind) oder einfach weniger zu essen und tierische Proteine mindestens 24 Stunden lang zu vermeiden.

Sinn des Fastens ist es, den ganzen Körper zu entspannen. Aus diesem Grunde sollte man während der Reinigungsphase auf sexuelle Aktivitäten verzichten. Wir sollten versuchen, unser Gemüt zu beruhigen, selbstsüchtige Gedanken zu vermeiden und unser Glück zu genießen. Wir können beruhigende Kräutertees wie Kamille, Eisenkraut oder Minze trinken. Eisenkraut eignet sich, sowohl als Tee als auch als Öl, gut für ein Reinigungsbad. Es wirkt entspannend und kräftigend auf das Nervensystem und kann hellseherische Träume bewirken. Das ist ideal für die Beschäftigung mit den Engeln. Bäder fördern auch die Beziehungen zu den planetarischen Engeln. Man kann sie mit entsprechenden Farben und Düften anreichern. Wenn man sich mit den Engeln in Verbindung setzten will, ist ein Duftbad im Kerzenschein sehr zu empfehlen.

Links: Während des Fastens können beruhigende Kräutertees uns helfen zu entspannen und zu innerem Frieden und einer intensiven Meditation beitragen.

Das Ritual des Pentagramms

D er fünfzackige Stern des Pentagramms ist ein klassisches Symbol für den Schutz und das Glück. Es repräsentiert die fünf Sinne, den Menschen als Mikrokosmos, als Ebenbild Gottes. Im Christentum steht es für die fünf erlösenden Wundmale Christi. Es war in den Ring eingraviert, den der Erzengel Raphael aus dem Himmel zu König Salomo brachte, damit er ihm beim Bau des Tempels helfe.

Es ist die Grundlage des meistverbreiteten Rituals in den westlichen Mysterien und wird verwendet, um die spirituellen Energien vor dem Vollzug des Rituals zu sammeln und zu beherrschen. Das Ritual ruft mit vier der heiligen Namen Gottes die vier großen Erzengel an, um einen Kreis der Kräfte zu formen, der an das Medizinrad der eingeborenen Amerikaner erinnert.

Das Ritual

Sprengen Sie Ihren rituellen Raum mit Salzwasser und entzünden Sie einige der Lieblingsräucherwerke der Engel: Kopal oder Weihrauch und Myrrhe. Zunächst zeichnen wir das kabbalistische Kreuz des Lichtes. Richten Sie sich nach Osten aus und stellen Sie sich ein gleißendes und unendlich weißes Licht über sich vor. Heben Sie Ihre rechte Hand und leiten Sie das Licht zu Ihrer Stirn, während Sie sagen:

Links: Um die Anrufung der vier großen Erzengel zu beginnen, stellen Sie sich mit dem Gesicht nach Osten.

Denn, dein, o Herr

Ziehen Sie das Licht in einer Linie
durch Ihren Körper, indem Sie auf
Ihre Füße weisen, und sagen Sie
dabei:

Ist das Reich

Das Licht folgt Ihrer Hand, wenn Sie
diese zu Ihrer rechten Schulter führen
und sprechen:

Und die Kraft

Führen Sie die Linie weiter zu Ihrer linken Schulter und sagen Sie dabei:

Und die Herrlichkeit

Dann führen Sie ihre Hände zum Herzen, sehen und fühlen, wie das große
Lichtkreuz ihren Körper durchläuft, und sagen:

In Ewigkeit. Amen.

Dann, noch immer nach Osten gewandt, zeigen Sie mit Ihrer rechten Hand (Sie
können auch die linke Hand nehmen, wenn Sie wollen) mit ausgestrecktem Arm
auf einen Punkt, etwas über Ihrem Kopf. Nun zeichnen Sie ein Pentagramm mit
einer durchgehenden Linie, indem Sie an der unteren linken Ecke des Diagramms
beginnen. Stellen Sie sich das Ganze als eine Linie aus Feuer vor. Nun zeigen Sie
auf die Mitte des flammenden Pentagramms und sagen:

Im Namen des allmächtigen Yod-Heh-Vow-Heh Und des Erzengels Raphael, des Fürsten der Lüfte, Ziehe ich diesen Kreis in den Osten.

Halten Sie Ihren Arm erhoben, wenden Sie sich nach Süden und ziehen Sie
einen Viertelkreis aus Feuer. Zeichnen Sie nun in der gleichen Weise ein
weiteres Pentagramm.

Zeigen Sie wiederum in das Zentrum des Pentagramms und sprechen Sie:

**Im Namen des allmächtigen Ah-Don-Ai
Und des Erzengels Michael, des Fürsten des Lichts,
Ziehe ich diesen Kreis in den Süden.**

Halten Sie Ihren Arm erhoben, wenden Sie sich nach Westen und ziehen Sie einen weiteren Viertelkreis aus Feuer. Dann zeichnen Sie noch ein Pentagramm wie vorher. Weisen Sie wiederum in die Mitte des Pentagramms und sagen Sie:

Oben: Indem wir uns angemessen auf ein Ritual vorbereiten, sammeln wir unsere mentalen und spirituellen Energien und sorgen so dafür, dass die Anrufung so erfolgreich wie möglich wird.

Im Namen des allmächtigen Eh-Ee-Yay
Und des Erzengels Gabriel, des Fürsten des Wassers,
Ziehe ich diesen Kreis in den Westen.

Mit weiterhin erhobenem Arm wenden Sie sich um nach Norden und ziehen einen weiteren Viertelkreis aus Feuer. Dann zeichnen Sie noch ein weiteres Pentagramm wie zuvor. Zeigen Sie wiederum in das Zentrum des Pentagramms und sprechen Sie dabei:

Im Namen des allmächtigen Ag-Yu-La
Und des Erzengels Uriel, des Fürsten der Erde,
Ziehe ich diesen Kreis in den Norden.

Wenden Sie sich nun mit erhobenem Arm noch einmal nach Osten und vollenden Sie den Feuerkreis, der Sie nun mit brennenden Sternen an den fünf Ecken umgibt. Jetzt öffnen Sie Ihre Arme weit und sagen:

Vor mir Raphael
(vorgestellt als ein großes gelbes Licht mit einer violetten Aura)
Hinter mir Gabriel
(versinnbildlicht als ein großes blaues Licht mit orangefarbener Aura)
Zu meiner Rechten Michael
(ein großes rotes Licht mit einer grünen Aura)
Zu meiner Linken Uriel
(als ein großes grünes Licht mit einer rotbraunen Aura)
Über mir der Vater
(als sechszackiger Stern aus zwei ineinandergreifenden Dreiecken)
Unter mir die Mutter
(ein weiterer sechszackiger Stern)
In mir das ewige Feuer.

Sie stehen nun in einem geschützten heiligen Raum und können einen Engel Ihrer Wahl anrufen. Die Bewegungen innerhalb des Kreises sollten immer im Uhrzeigersinn erfolgen. Am Ende des Rituals zeichnen Sie noch einmal, wie zu Beginn, das kabbalistische Kreuz.

Engelsschrift

Die Engel haben traditionell zufolge ihre eigene Sprache, die der hebräischen ähnlich, mit ihr aber nicht identisch ist. Es gibt verschiedene Versionen des entsprechenden Alphabets, am ähnlichsten ist es der thebanischen Schrift. Diese ist für uns am einfachsten, weil sie unserer am ähnlichsten ist. Auch wenn die Buchstaben sehr verschieden sind, können wir sie für unsere Schrift leicht nutzen. Sie werden bemerken, dass drei Buchstaben fehlen, J, U und W. Anstelle des J benutzen wir den thebanischen Buchstaben I; für das U das thebanische V und für das W schreiben wir das V zweimal. Die Worte sollten phonetisch transkribiert werden. So schreibt man zum Beispiel das Wort »okay« wie »okei«.

Unten links: Drei Beispiele für ›engelhafte‹ Schriftzeichen, die den 22 Buchstaben des hebräischen Alphabets entsprechen.

Das Thebanische Alphabet

A B C D E

F G H I K

L M N O P

Q R S T V

X Y Z

Das Schreiben einer Bittschrift

Eine Bittschrift ist eine Anfrage oder ein Wunsch, geschrieben in der Form eines Gebetes. In Engelsschrift verfasste Bittschriften haben eine größere Resonanz und werden von dem Engel, an den wir uns wenden, auch deutlicher verstanden. Das Verfassen einer Bittschrift erfordert eine starke Konzentration und daher enthält die Bittschrift auch mehr von unserer Energie.

Um eine Bittschrift an einen Engel zu richten, müssen wir zunächst klären, welcher Engel für das betreffende Anliegen zuständig ist. Will man auf jemanden, den man liebt, anziehend wirken, sollte man sich an den Engel Theliel wenden. In Gesundheitsfragen können wir uns an die korrespondierenden planetarischen Engel (siehe Seiten 40–57) wenden. Hier nun ein einfacher Entwurf für eine Bittschrift, die Sie zu jedem Anlass verwenden können:

Im Namen des Allmächtigen
(oder ein anderer Name für Gott, der ihnen lieber ist)
Bitte ich dich, großer Engel
. . . . (Wunsch eintragen)
Ich danke dir, dass du mein Gebet anhörst,
Wie es deine heilige Pflicht ist,
im Namen des Allmächtigen (oder andere Bezeichnung)

Tragen Sie das Datum Ihrer Bittschrift in Ziffern, zum Beispiel 24. 9. 2001, ein und unterzeichnen Sie diese mit Ihrer Unterschrift. Der Rest der Bittschrift sollte in Engels-schrift geschrieben werden. Üblicherweise werden Bittschriften auf kleine, viereckige leere Blätter weißen Papiers, oder, im Falle der planetarischen Engel, auf Papier in den ihnen entsprechenden Farben geschrieben. Stecken Sie die Bittschrift in einen Umschlag zusammen mit wichtigen Gegenständen, wie zum Beispiel einem Blütenblatt, einem duftenden Zweig oder was auch immer den Engel bewegen mag, sich auf Ihren Wunsch einzustimmen. Wenn Ihr Wunsch erfüllt worden ist oder nicht mehr besteht, können Sie den Umschlag in Dankbarkeit verbrennen und so seine Energie freisetzen.

Unten: Das Verfassen einer Bittschrift an einen Engel Ihrer Wahl erfordert, über die ursprüngliche Beschäftigung mit dem Inhalt hinaus, ein ruhiges ausgeglichenes Gemüt und hingebungsvolle Konzentration.

Glossar

Alchemie Eine uralte aus Ägypten stammende Kunst der spirituellen und physikalischen Transformation.

Anrufung Der Vorgang der Anrufung eines Mittlers, wie zum Beispiel eines Engels, um Unterstützung.

Apokryphen Die 14 Bücher als Anhang zum Alten Testament der römisch-katholischen Kirche, die aus dem hebräischen Kanon und der protestantischen Version der Bibel ausgeschlossen sind.

Assyrien Ein altes Königtum im nördlichen Mesopotamien. Es entwickelte sich im 7. Jahrhundert vor Christus zu einem Reich, das sich vom Persischen Golf bis nach Ägypten erstreckte.

Babylonien Das südliche Königreich im alten Mesopotamien. Es herrschte in dieser Region von ungefähr 2200 bis 538 vor Christus, bis es von den Persern vernichtet wurde.

Baum des Lebens Ein Baum im Paradies, dessen Früchte die Menschen unsterblich machten. In der *Kabbala* eine Konzeption, die den hierarchischen Aufbau des natürlichen Universums darstellt. Es gibt zehn miteinander verbundene Ebenen (*sephiroth*), die es dem Eingeweihten ermöglichen aufzusteigen und sich mit dem Göttlichen zu vereinen.

Bittschrift Eine schriftliche Bitte um Unterstützung, gerichtet an eine höhere Autorität.

Buddhismus Die von den Jüngern Buddhas, eines religiösen Lehrers im nördlichen Indien (gestorben 483 vor Christus) verbreitete Religion. Sie kennt keinen Gott und lehrt, die vollkommene Erleuchtung könne durch die Überwindung der Selbstsucht und Illusion erreicht werden.

Chaldäer Ein altes semitisches Volk, welches das südliche Babylonien vom 8. bis zum 7. Jahrhundert vor Christus beherrschte. Besonders bekannt wegen seines astrologischen Wissens.

Chor Die neun Rangordnungen der Engel in der mittelalterlichen Angelologie.

Enoch Ein früher hebräischer Patriarch, in der *Genesis* als Vater Methusalems erwähnt.

Dschinn Im Islam eine Gruppe von bösen Geistern, im Rang niedriger als die Engel. Sie können in menschlicher oder tierischer Gestalt erscheinen und üben magischen Einfluss auf Menschen aus.

Geist Ein körperloses Wesen, wie die Engel oder Dämonen.

Hinduismus Ein System religiösen Glaubens und sozialer Gebräuche, überwiegend in Indien. Er verlangt keinen bestimmten Glauben in die Natur Gottes. Sein wichtigster religiöser Text ist die *Bhagavad-Gita*.

Islam Die Religion der Muslime. Ein monotheistischer Glauben, gegründet vom Propheten Mohammed im 7. Jahrhundert. Seine heilige Schrift ist der *Koran*.

Judentum Die Religion der Juden, die auf dem Glauben an einen Gott beruht, dessen Wille in der *Thora* enthüllt wird. Eine der ersten großen monotheistischen Religionen, die an Gott als den allmächtigen Schöpfer und bewussten Lenker der Welt glaubt.

Jüngstes Gericht Nach der biblischen Überlieferung wird dieses Ereignis nach der Wiederkehr von Jesus Christus und der Auferstehung der Toten stattfinden. Gott wird jeden Menschen nach seinen Taten richten und sein Schicksal entsprechend besiegeln.

Kabbala Die wichtigste Überlieferung des jüdischen Mystizismus auf der Basis der Bücher *Sefer Jezira* und *Sohar*, die esoterische Interpretationen der *Thora* enthalten. Elemente der *Kabbala* haben die westliche Magie und Angelologie sehr stark beeinflusst.

Mesopotamien Region in Kleinasien zwischen den Flüssen Euphrat und Tigris, entspricht dem heutigen Irak. Bekannt als »Wiege der westlichen Zivilisation« brachte sie die Kultur hervor, aus der Judentum, Christentum und Islam entstanden.

Maurisch Auf die Mauren bezogen, ein nordafrikanisches Volk, das von den Berbern und Arabern abstammt. Sie traten im 8. Jahrhundert zum Islam über und gründeten ein mächtiges Reich, zu dem auch Spanien gehörte, das sie von 756 bis 1492 regierten.

Planetarisch Die Planeten des Sonnensystems betreffend. Die sieben »klassischen« Planeten umfassen auch die Sonne und den Mond.

Pseudepigraphen Ein anderer Name für die *Apokryphen*, die weitere Texte umfassen.

Sibyllinisches Orakel Eine Sammlung von prophetischen Sprüchen, die der kumäischen Seherin Sibylle zugeschrieben werden, die Aeneas, den legendären Vater der Römer auf seinem Weg durch die Unterwelt begleitete. Diese Orakel trugen zur Entwicklung der römischen Sitten, Politik und Religion bei.

Salomo Der Sohn König Davids, der Goliath erschlug. Er erbaute den Tempel von Jerusalem mit heiligen und magischen Mitteln.

Sonnenwende Der längste und der kürzeste Tag des Jahres, die auf den 20./21. Juni und den 20./21. Dezember fallen. Werden in den traditionellen Gesellschaften als Sonnenwendefeste gefeiert. Die Wintersonnenwende wird als Julfest (Weihnachten) gefeiert.

Sufismus Die islamische Mystik oder Esoterik. Seine Lehren und Methoden sind vom Koran und den islamischen Verkündigungen abgeleitet.

Sumerisch Auf die Sumerer bezogen, eine Zivilisation in Mesopotamien im 4. Jahrhundert vor Christus.

Talmud Die wichtigste Sammlung der religiösen Gesetze der Juden, bestehend aus zwei Texten, der *Mischna* und der *Gemara.*

Tagundnachtgleiche Frühlings- und Herbstbeginn, wenn Tag und Nacht gleich lang sind, im Allgemeinen am 20./21. März bzw. 20./21. September. In traditionellen Kulturen als Sonnenfeste gefeiert.

Thora Die Gesamtheit der traditionellen jüdischen Lehre, einschließlich des Alten Testaments und des *Talmud*.

Verkündigung Die Verkündigung Mariä durch den Erzengel Gabriel, dass sie auserkoren wurde, den Sohn Gottes zu gebären.

Zoroaster Ein persischer Prophet des 6. Jahrhunderts vor Christus, Gründer einer Religion, die auf dem dualistischen Kampf zwischen Gut und Böse beruht. Er war der erste Prophet, der verkündete, sowohl der Demütige wie auch die gesamte Menschheit können erlöst werden.

Register

Danksagungen

Der Verlag möchte sich bei den Nachstehenden bedanken, die freundlicherweise
Fotografien für dieses Buch zur Verfügung gestellt haben.
Erläuterungen: u unten, o oben, m Mitte, l links, r rechts
Ann Ronan Picture Library: S. 8 l, S. 15 r, S. 21 r, S. 24/25 m, S. 24 u l, S. 30, S. 38 u l,
S 39 o r. **Corel Images**: S. 54 o r. **Gateshead Council**: S. 6-7. **Images Colour Library**:
S. 96 o r. **Superstock**: S. 6 m, S. 37u, S. 101 r. **US Geological Survey**: S. 92 m l.